国家级高新技术企业认定实务指南

唐金炼　著

北京工业大学出版社

图书在版编目（CIP）数据

国家级高新技术企业认定实务指南 / 唐金炼著．—
北京 ：北京工业大学出版社，2021.9
ISBN 978-7-5639-8099-4

Ⅰ．①国… Ⅱ．①唐… Ⅲ．①高技术企业－认定－指
南－中国 Ⅳ．①F276.44-62

中国版本图书馆 CIP 数据核字（2021）第 204894 号

国家级高新技术企业认定实务指南
GUOJIAJI GAOXIN JISHU QIYE RENDING SHIWU ZHINAN

著　　者：唐金炼

责任编辑：乔爱肖

封面设计：知更壹点

出版发行：北京工业大学出版社

　　　　　　（北京市朝阳区平乐园 100 号　邮编：100124）

　　　　　　010-67391722（传真）　　bgdcbs@sina.com

经销单位：全国各地新华书店

承印单位：定州启航印刷有限公司

开　　本：710 毫米 ×1000 毫米　1/16

印　　张：9.5

字　　数：190 千字

版　　次：2021 年 9 月第 1 版

印　　次：2022 年 8 月第 1 次印刷

标准书号：ISBN 978-7-5639-8099-4

定　　价：65.00 元

作者简介

唐金炼，硕士，广州献策管理咨询有限责任公司科技咨询总监、高级咨询师，长期从事国家高新技术企业认定管理、科技经贸政策研究咨询等工作，具有十余年的企业科技计划咨询管理经验，曾主持或参与多家大型国有企业科技计划咨询服务工作，服务企业累计超过五百家。

前　言

本书中出现的公司名称以及相关信息数据均为虚拟。虚拟的公司名称、信息数据仅为方便讲解高新技术企业认定项目的具体内容，以使各位读者朋友更好地理解高新技术企业认定工作。企业要申请认定高新技术企业，须严格按照相关政策法规、管理办法等进行项目申请和后续监督管理。

高新技术企业认定是一项系统性工程，本书根据高新技术企业认定工作实际将全流程分为七章进行讲解，具有系统性、框架性，以及通俗易懂的特点。本书主要篇章内容概括如下。

第一章介绍科技项目申报的一般方法，包括科技项目申报的一般性工作流程，获取政策信息、项目动态的通用渠道与方法等内容，为读者了解科技项目申报工作提供一个切入点。

第二章介绍高新技术企业认定具体实务，包括高新技术企业认定流程，高新技术企业认定项目一般性工作流程，管理者视角下高新技术企业的实质内涵，高新技术企业认定的基本条件、评审指标，高新技术企业认定企业评估，高新技术企业认定企业自评表，项目开展前的准备工作，启动项目的方法，高新技术企业秘诀之"高新技术企业十分法"，高新技术企业秘诀之工作情况表，高效率整理材料的排版技巧，系统账号的注册及演示，研发项目、科技成果转化、知识产权、高新技术产品（服务）之间的逻辑关系，科技人员的确认，高新技术产品（服务）的确认方法，高新技术领域的选择技巧，专项审计报告出具注意事项，知识产权的主要来源，研发项目立项书基本要求及撰写，研发活动情况表、知识产权明细表、高新技术产品（服务）情况表的编制方法，高新技术产品（服务）证明材料的构成，科技成果转化证明材料的构成，企业创新能力评价表、企业研发组织管理水平情况表填写示例，研发组织管理水平制度文件的采集整理，附件材料整理命名技巧，附件材料太大无法上传的解决方法，材料打印装订递交的要求及方法等内容。

第三章介绍企业信息、材料清单、总目录、现场考察，包括企业注册信息表、高新技术企业认定须提供的材料清单、高新技术企业认定完整材料总目录（以广东省为例）、现场考察注意事项及处理方法等内容。

第四章介绍网络初评审不通过原因分析及异议申诉要点、现场答辩注意事项，包括科技人员被否决原因分析及异议申诉要点、研发费用被否决原因分析及异议申诉要点、高新技术产品（服务）收入被否决原因分析及异议申诉要点、知识产权评分低原因分析及异议申诉要点、科技成果转化能力指标评分低原因分析及异议申诉要点、组织管理水平评分低原因分析及异议申诉要点、技术领域被否决原因分析及异议申诉要点、异议说明撰写的基本要点及注意事项、异议申诉说明书范文示例（全模块）、现场答辩的注意事项及要点等内容。

第五章介绍高新技术企业规划及提高评分的策略，包括如何有效规划高新技术企业项目、如何在日常工作中处理归集研发费用、提高知识产权指标得分的方法、提高科技成果转化能力指标得分的方法、提高研发组织管理水平得分的方法、提高财务成长性指标得分的方法。

第六章介绍相关统计报表，包括高新技术企业相关报表的重要性、科技部火炬统计年报表、高新技术企业综合统计快报表、广东省高技术产品及高技术服务调查表、高新技术企业优惠情况及明细表等内容。

第七章介绍高新技术企业更名、搬迁的注意事项，包括高新技术企业变更名称的注意事项、高新技术企业异地搬迁的注意事项等内容。

在高新技术企业认定项目申报学习过程中，企业须深刻理解第二章第5节的内容，熟悉高新技术企业运营循环图，理解高新技术企业认定就是将研发创新活动中各程序、各环节所产生的资料，按照规定收集整理，提交评审。

在材料收集整理的过程中，企业需要深刻理解本书第二章第15节内容，研发项目、科技成果转化、知识产权、高新技术产品（服务）之间的逻辑关系。这是高新技术企业认定申报材料中最核心最基本的逻辑关系。理解了这一逻辑关系，对于企业提高申报材料整理的效率，提高评审的综合评价水平具有重要的意义。

作者在撰写本书的过程中得到了有关人士的鼓励和支持，吸收了他们许多宝贵经验、意见和建议。作者水平有限，书中仍有不足之处，请各位读者朋友批评指正。

目 录

第一章 科技项目申报的一般方法 ·· 1

    第 1 节 科技项目申报的一般性工作流程 ························· 1

    第 2 节 获取政策信息、项目动态的通用渠道与方法 ············· 2

第二章 高新技术企业认定具体实务 ·································· 4

    第 3 节 高新技术企业认定流程 ································· 4

    第 4 节 高新技术企业认定项目一般性工作流程 ················· 5

    第 5 节 管理者视角下高新技术企业的实质内涵 ················· 6

    第 6 节 高新技术企业认定的基本条件、评审指标 ··············· 11

    第 7 节 高新技术企业认定企业评估 ··························· 16

    第 8 节 高新技术企业认定企业自评表 ························· 23

    第 9 节 项目开展前的准备工作 ······························· 26

    第 10 节 启动项目的方法 ····································· 26

    第 11 节 高新技术企业秘诀之"高新技术企业十分法" ··········· 27

    第 12 节 高新技术企业秘诀之工作情况表 ······················ 28

    第 13 节 高效率整理材料的排版技巧 ··························· 34

    第 14 节 系统账号的注册及演示 ······························· 37

    第 15 节 研发项目、科技成果转化、知识产权、高新技术产品（服务）

            之间的逻辑关系 ····································· 39

    第 16 节 科技人员的确认 ····································· 40

    第 17 节 高新技术产品（服务）的确认方法 ····················· 43

    第 18 节 高新技术领域的选择技巧 ····························· 45

    第 19 节 专项审计报告出具注意事项 ··························· 47

    第 20 节 知识产权的主要来源 ································· 48

第21节 研发项目立项书基本要求及撰写……………………………49

第22节 研发活动情况表、知识产权明细表、高新技术产品（服务）
情况表的编制方法…………………………………………57

第23节 高新技术产品（服务）证明材料的构成………………………59

第24节 科技成果转化证明材料的构成…………………………………60

第25节 企业创新能力评价表、企业研发组织管理水平情况表填写示例
……………………………………………………………62

第26节 研发组织管理水平制度文件的采集整理………………………65

第27节 附件材料整理命名技巧…………………………………………68

第28节 附件材料太大无法上传的解决方法……………………………69

第29节 材料打印装订递交的要求及方法………………………………70

第三章 企业信息、材料清单、总目录、现场考察………………72

第30节 企业注册信息表…………………………………………………72

第31节 高新技术企业认定须提供的材料清单…………………………74

第32节 高新技术企业认定完整材料总目录（以广东省为例）………77

第33节 现场考察注意事项及处理方法…………………………………79

第四章 网络初评审不通过原因分析及异议申诉要点、现场答辩注意事项
……………………………………………………………81

第34节 科技人员被否决原因分析及异议申诉要点……………………81

第35节 研发费用被否决原因分析及异议申诉要点……………………82

第36节 高新技术产品（服务）收入被否决原因分析
及异议申诉要点……………………………………………84

第37节 知识产权评分低原因分析及异议申诉要点……………………85

第38节 科技成果转化能力指标评分低原因分析及异议申诉要点……88

第39节 组织管理水平评分低原因分析及异议申诉要点………………89

第40节 技术领域被否决原因分析及异议申诉要点……………………90

第41节 异议说明撰写的基本要点及注意事项…………………………90

第 42 节　异议申诉说明书范文示例（全模块）…………………91

第 43 节　现场答辩的注意事项及要点………………………105

第五章　高新技术企业规划及提高评分的策略………………108

第 44 节　如何有效规划高新技术企业项目…………………108

第 45 节　如何在日常工作中处理归集研发费用……………109

第 46 节　提高知识产权指标得分的方法……………………110

第 47 节　提高科技成果转化能力指标得分的方法…………112

第 48 节　提高研发组织管理水平得分的方法………………113

第 49 节　提高财务成长性指标得分的方法…………………114

第六章　相关统计报表…………………………………………115

第 50 节　高新技术企业相关统计报表的重要性……………115

第 51 节　科技部火炬统计年报表……………………………116

第 52 节　高新技术企业综合统计快报表……………………127

第 53 节　广东省高技术产品及高技术服务调查表…………128

第 54 节　高新技术企业优惠情况及明细表…………………136

第七章　高新技术企业更名、搬迁的注意事项………………138

第 55 节　高新技术企业变更名称的注意事项………………138

第 56 节　高新技术企业异地搬迁的注意事项………………141

参考文献…………………………………………………………142

第一章 科技项目申报的一般方法

第1节 科技项目申报的一般性工作流程

获取项目政策文件、申报通知文件

⬇

熟悉政策内容、申报条件标准、申报时间要求

⬇

查询、询问、采集企业基本信息数据，进行项目可行性评估

⬇

启动项目，开展项目对接工作，
确定项目分工和责任人，确定时间进度安排表，建立企业内部项目工作群

⬇

收集必须要事先提供的基础材料，收集已有的、可以快速收集的资料

⬇

注册系统账号，进入系统中查看申报书内容模块、附件文档要求，
整理材料清单，做到心中有数

⬇

申报材料的整理、撰写准备

⬇

网上填报

⬇

材料复查审核、查漏补缺、提交

⬇

材料打印装订成册、签字盖章递交主管部门

⬇

项目后续动态的跟踪关注

目的：熟悉科技项目申报工作的基本步骤，可了解在进行项目申报工作的过程中如何开展项目工作会更高效、更方便，不至于无从下手。

第2节　获取政策信息、项目动态的通用渠道与方法

在申报任何一个科技项目之前，企业都必须先了解该项目的相关政策文件、申报通知动态等内容，以便熟悉项目政策要求、申报要求，并及时安排或调整工作计划。

常用渠道与方法如图1-1所示。

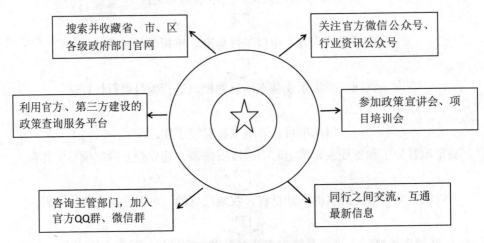

图1-1　获取政策信息常用渠道与方法

温馨提示：建议使用特定浏览器注册一个账号，收藏各官方网站、系统平台，方便在不同计算机、手机上随时随地登录浏览器查看收藏的网址。比如，QQ浏览器可用QQ号码一键登录，收藏、使用方便快捷。

部分官方政策信息查询平台示例如下。

国家政务服务平台页面如图1-2所示。

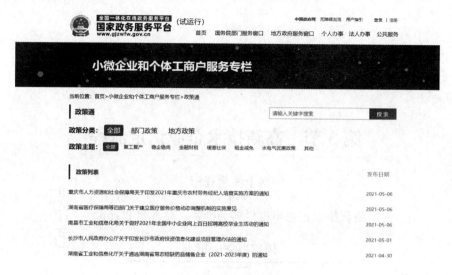

图1-2　国家政务服务平台页面

广东省粤企政策通平台页面如图1-3所示。

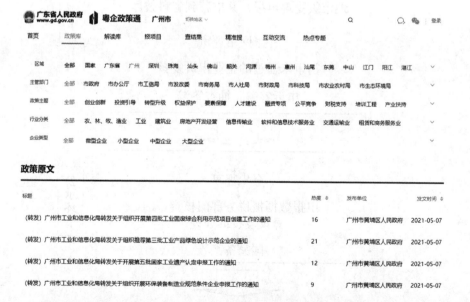

图1-3　广东省粤企政策通平台页面

第二章 高新技术企业认定具体实务

第3节 高新技术企业认定流程

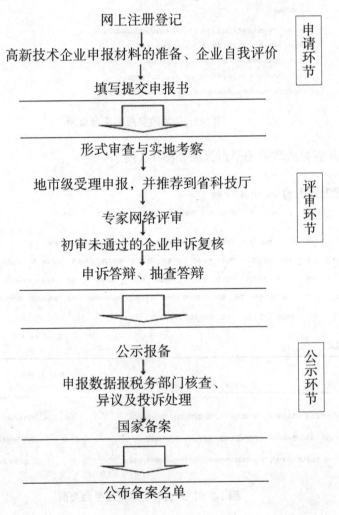

温馨提示：企业在备案名单公布后才能正式确定是否通过当年高新技术企业认定。

第4节 高新技术企业认定项目一般性工作流程

获取高新技术企业认定政策文件、申报书通知文件、系统申报书模板

⇩

了解高新技术企业申报政策要求，熟悉申报条件标准、申报时间要求

⇩

根据通知文件、申报书模板，整理材料清单

⇩

查询、询问、采集企业基本信息数据，进行项目可行性评估讨论

⇩

请企业主要负责人主持启动项目，确认项目内容分工和责任人，
确认项目时间进度安排表

⇩

建立企业内部项目工作群，开展项目对接工作

⇩

收集必须要事先提供的基础材料，收集已有的、可以先提供的材料

⇩

科技部服务平台注册、省级申报平台系统注册、完善单位信息

⇩

知识产权名称列表的确认，专利证书、缴费凭证的收集

⇩

与技术部门同事、技术经理、产品经理、财务经理一道，确认汇总研发项目，
确认科技研发人员名单，确认研发项目参与人员，同时确认科技成果转化产品

⇩

确认上年度高新技术产品（服务）名称

⇩

联系会计师事务所进行研发费用投入专项审计、高新技术产品收入专项审计

⇩

近三年财务审计报告

⇩

科技成果转化证明材料的收集

高新技术产品（服务）证明材料的收集

⬇

向技术部门同事收集研发项目立项书、中期检查报告、验收报告材料
向行政部门同事收集组织管理水平材料
向人事部门同事收集科技人员证明材料

⬇

材料的整理、查漏补缺

⬇

网上系统填报

⬇

材料审核检查、修改完善

⬇

网上提交

⬇

现场考察

⬇

材料打印装订、签字盖章递交科技主管部门

⬇

关注后续动态

温馨提示：这是一般性操作流程，与进度计划安排表内容差不多，可以相互借鉴使用。

第5节 管理者视角下高新技术企业的实质内涵

一家高新技术企业最核心的活动内容就是研发创新活动。企业的运营、发展都是围绕研发创新活动而展开的。企业一旦偏离了研发创新这个最核心的活动，那么这个企业的主营业务内容一定会发生重大变化，该企业很可能将不再是高新技术企业。

既然本节内容是探讨管理者视角下高新技术企业的实质内涵，那么最有效的方法就是，我们共同探讨一个创业项目，以您指代管理者，进入管理者视角的情境之中。

下面，我们以皮鞋的项目为例。

项目背景：皮鞋是日常生活和工作中的必需品。不管是男士皮鞋，还是女士皮鞋，不管是高档名贵的皮鞋，还是保养得好的皮鞋，一旦穿久了，皮鞋的鞋面一定会出现褶皱、褶痕，会变得很难看。

而现在您想到了一个绝妙的技术、绝妙的创意。您利用这个创意，可以解决皮鞋的技术难题，能让皮鞋不管穿多久都不会出现褶皱、褶痕，鞋面一直光亮如新，并且拥有非常好的穿着体验。

这款皮鞋产品只要开发出来，就一定可以成为超级爆款产品，成为一个超级网红产品，人人争相抢购。

所以，您心情很激动，也深入思考了可行性，认为非常可行。现在您决定，投入所有家当，破釜沉舟、放手一搏，来开发这一款皮鞋。

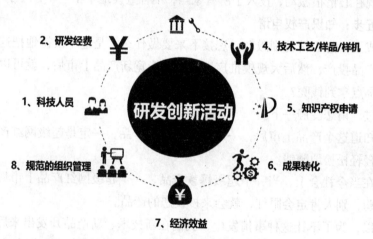

图 2-1　高新技术企业运营循环图

我们可以根据高新技术企业运营循环图来设计经营步骤，如图 2-1 所示。

第一步：科技人员。

我们需要招兵买马，把人才队伍建起来，拉一帮人一起打天下。因为一个人单打独斗，成功的不确定性太大了。特别是要发明创造一种从未有过的新技术、新产品，更是需要人才。

所以，我们需要科技人员，一起开展研发活动。

第二步：研发经费。

人才聚在一起是要进行创新工作的。但没有钱，什么事都干不了。特别是创新活动，更是需要投入足够的资金。

所以，我们需要投入研发经费。

第三步：研发场地／仪器设备。

接下来，我们还需要固定的研发场地，以及必要的研发仪器设备。

科技人员带着研发经费不可能出去旅游一下，就能够把新的技术、新的产品开发出来，所以研发场地是必需的，研发仪器设备是必备的。

第四步：技术工艺／样品／样机。

现在招了人，投了钱，场地、设备也都具备了，就马上开始干。

您辛勤工作干了一年，终于把新技术、新产品都开发出来了。并且新技术已经得到验证了，是可行的、成熟的，是可以进行大规模应用的技术，新产品也经过技术检测，新产品的所有技术性能指标均符合预期要求。

您现在心情很激动，投入了所有家当，不舍昼夜地干了一年，终于干成了。

第五步：知识产权申请。

干成了，您心情特别激动。您接下来要做什么？是迫不及待地把这个新技术、新产品投产，然后大规模推广上市吗？毕竟新产品上市后，就可以赚钱，谁不想早点拿到钱呢？

不过，请您冷静一下。

您知道这个产品上市后，一定是超级爆款产品，一定是超级网红产品，可以实现轻轻松松地赚钱。

而在当今社会上，当一个超级爆款产品、一个超级网红产品上市后，人人都在抢购，别人肯定会眼红，就会来抄袭您的产品。

所以，为了不让这种事情发生，我们在新技术、新产品开发出来后，不能急着去大规模生产制造，急着去推广上市，而是要先递交知识产权申请。

只有把新技术的专利申请资料提交受理后，我们才能进行大规模的生产销售。这个时候，即便别人眼红您的爆款产品，看着您日进斗金，他们也没办法了。因为您递交了知识产权申请，您的技术、产品就受到国家法律保护。谁敢侵权，您就可以拿起法律武器维护自己的权益。

所以，您需要先进行知识产权申请。

第六步：成果转化。

终于，知识产权申请递交并被受理了，可以大规模生产制造，进行新技术、新产品的科技成果转化了。

第七步：经济效益。

成果转化成功后，新产品上市，果然成为超级爆款产品，成为超级网红产品，人人来抢购，您也轻轻松松地赚到了钱。

您投入了所有家当，辛辛苦苦，没日没夜地干了一年，钱终于赚到手了，获得了经济效益。您也成为新一代的商界领袖。

第八步：规范的组织管理。

在实际的工作过程中，我们总会遇见各种各样的问题。而在遇到问题的时候，我们通常是怎么处理的呢？是不是要在一定的管理制度规范之下，按照规范程序进行处理呢？

我们举例来讨论如下。

①科技人员。

您投入了所有家底来开发新产品，自然是希望大家都能够尽心尽力，一起努力发明创造。但优秀的人才难得，科技人员中可能有能力还不太达标的，有工作责任感不强的，甚至有磨洋工、出工不出力的。

这个时候就需要有《科技人员培训管理制度》《研发人员绩效考核管理制度》等来对科技人员进行入职培训、技术培训，以及绩效考核。对考核成绩优异的科技人员进行奖励，激发他们的积极性，对考核成绩比较差的科技人员，应该予以处罚甚至辞退。

②研发经费。

研发经费是您所有的家当，干成了可以赚钱，干不成就破产了。所以，您肯定希望每一分钱都要用在实处。

如果一名科技人员拿了一张餐饮发票，跟您说，他这是去跟一位教授吃饭，探讨技术问题去了，请您给报销一下。您会给他报销吗？谁知道他是不是跟一位教授去讨论技术问题了？

所以，在研发经费方面也需要《研发经费投入核算管理制度》，用来规范研发费用的预算、申请、计提、使用、管理等各个环节。在大家都认可的标准之下使用每一分钱，让每一分钱都能够产生实实在在的价值。

③研发场地/仪器设备。

有的仪器设备是高精尖的，非常昂贵，一旦损坏，维修不但要花一大笔钱，而且会耽误很多时间，影响项目的进度。有的仪器设备可能特别小，随手拿了用又随手一放，到下次用的时候有可能就找不到。这同样会影响整个研发项目的进度以及效率。

所以，研发仪器设备也需要《研发仪器设备管理规范》，用来规范仪器设备的使用流程，让整个研发过程不会受到影响。

④知识产权。

新技术、新产品开发出来了，也申请知识产权了。整个新技术、新产品的专利权，都掌握在您手里了，这等于产品上市后的经济效益都掌握在您手里了。而跟您一起打天下的科技人员，勤勤恳恳工作，并成功开发出来了新产品，因而对主要的技术开发人员，自然需要进行知识产权的奖励。

这也需要有大家都认可的《知识产权奖励制度》，明确技术开发人员开发出的新技术、新产品申请了发明专利应奖励多少。

这样，科技人员才有积极性去进行发明创造。

⑤成果转化。

科技人员不但开发了新技术、新产品，申请了知识产权，而且成功进行了成果转化，新产品生产销售上市了，帮助您赚了钱。

假如，在新产品上市后，科技人员的朋友在第一时间抢到了这样的一双皮鞋，然后很得意地在科技人员面前炫耀。

科技人员骄傲又开心地笑了："你这皮鞋，就是我开发出来的。"

他朋友就惊呆了："你太厉害了！这产品现在卖得这么火爆，这是你开发的，那你们公司至少给了你几百万元奖金吧。"

"什么都没有。"

"啊？怎么会这样？"

科技人员开心的心情、骄傲的表情，一下就没有了。

是啊，企业赚了这么多钱都没有奖励，谁还会跟着一起打天下呢？

所以，科技成果转化也需要《科技成果转化奖励制度》，用来明确科技成果转化成经济效益后，对主要的成果发明人的奖励，用来明确如何奖励、奖励多少。只有这样，科技人员才愿意拼命干，创造出更多可以为企业带来经济效益的新产品、新技术。

所以，我们需要一整套规范的制度管理体系。

我们对于本节内容总结如下。

一家企业只要是在规范的制度管理体系之下，不断重复研发创新活动的各个环节、各个程序，那么这家企业就是高新技术企业。

而高新技术企业认定，就是把研发创新活动的各个环节、各个程序产生的各类资料文件、程序文件，按照条件要求整理成册，提交评审即可。

所以，我们了解了高新技术企业的实质之后，再来看高新技术企业认定这个项目，就有了中心点。

不管这个项目有多复杂、多琐碎，我们都可以轻松应对。

我们对于高新技术企业运营循环图一定要深刻理解,想象自己成立一家公司,开发一个产品,按照流程在头脑中演练一遍。

第6节 高新技术企业认定的基本条件、评审指标

一、什么是高新技术企业

中华人民共和国科学技术部官方网站上发布的《高新技术企业认定管理办法》《高新技术企业认定管理工作指引》两份文件包含评审的具体内容,特别重要。

《高新技术企业认定管理办法》第二条规定:

"本办法所称的高新技术企业是指:在《国家重点支持的高新技术领域》内,持续进行研究开发与技术成果转化,形成企业核心自主知识产权,并以此为基础开展经营活动,在中国境内(不包括港、澳、台地区)注册的居民企业。"

二、高新技术企业认定的基本条件

《高新技术企业认定管理办法》第十一条对认定为高新技术企业须同时满足的条件进行了规定:

"(一)企业申请认定时须注册成立一年以上。

(二)企业通过自主研发、受让、受赠、并购等方式,获得对其主要产品(服务)在技术上发挥核心支持作用的知识产权的所有权。

(三)对企业主要产品(服务)发挥核心支持作用的技术属于《国家重点支持的高新技术领域》规定的范围。

(四)企业从事研发和相关技术创新活动的科技人员占企业当年职工总数的比例不低于10%。

(五)企业近三个会计年度(实际经营期不满三年的按实际经营时间计算)的研究开发费用总额占同期销售收入总额的比例符合如下要求:

1.最近一年销售收入小于5 000万元(含)的企业,比例不低于5%;

2.最近一年销售收入在5 000万元至2亿元(含)的企业,比例不低于4%;

3.最近一年销售收入在2亿元以上的企业,比例不低于3%。

其中,企业在中国境内发生的研究开发费用总额占全部研究开发费用总额的比例不低于60%。

（六）近一年高新技术产品（服务）收入占企业同期总收入的比例不低于60%。

（七）企业创新能力评价应达到相应要求。

（八）企业申请认定前一年内未发生重大安全、重大质量事故或严重环境违法行为。"

三、高新技术企业认定条件解析

第一，企业申请认定时须注册成立一年以上。

企业只要在当年高新技术企业认定项目截止日期之前注册成立 365 个日历天数以上，即满足本条件。

第二，企业通过自主研发、受让、受赠、并购等方式，获得对其主要产品（服务）在技术上发挥核心支持作用的知识产权的所有权。

简言之，企业对主要产品、主要技术服务的核心技术拥有有效的知识产权的所有权。

在这里，我们需要注意以下几点。

①当专利权属于多个企业时，只能由其中一个企业用该专利进行高新技术企业的申报，另外的专利权人不能使用，并且需要出具承诺不使用该专利的声明文件。

②Ⅱ类知识产权在申报高新技术企业认定时，只能使用一次。即第一次使用该专利申报高新技术企业认定，并通过了认定，则在重新认定的时候不能重复使用。

Ⅱ类知识产权包括软件著作权、实用新型专利、外观专利等。

第三，对企业主要产品（服务）发挥核心支持作用的技术属于《国家重点支持的高新技术领域》规定的范围。

企业主要产品、主要技术服务的核心技术，属于《国家重点支持的高新技术领域》规定的八大技术领域范围。这一条是从企业主要产品、主要技术服务的核心技术来判断的，而不是从产品本身。只要是从事技术创新活动的企业，基本上都能找到适合的技术领域。

第四，企业从事研发和相关技术创新活动的科技人员占企业当年职工总数的比例不低于 10%。

科技人员包含技术管理人员。需要注意一点是，《高新技术企业认定管理工作指引》中明确指出，科技人员需要在职满 183 天，否则不能列入科技人员名单列表中。

第五，企业近三个会计年度（实际经营期不满三年的按实际经营时间计算）的研究开发费用总额占同期销售收入总额的比例符合如下要求：

1. 最近一年销售收入小于 5 000 万元（含）的企业，比例不低于 5%；

2. 最近一年销售收入在 5 000 万元至 2 亿元（含）的企业，比例不低于 4%；

3. 最近一年销售收入在 2 亿元以上的企业，比例不低于 3%。

其中，企业在中国境内发生的研究开发费用总额占全部研究开发费用总额的比例不低于 60%。

按照比例计算即可，但需要注意两点。

其一，研发费用总额占销售收入总额的比例，并不是占企业总收入的比例。在首次认定时，即便某一年研发费用占比不符合要求也不要紧，只要总额占比符合要求即可。

其二，在研发经费总额中，在中国境内投入的经费比例不低于 60%。

第六，近一年高新技术产品（服务）收入占企业同期总收入的比例不低于 60%。

在《高新技术企业认定管理工作指引》中有一个额外的要求，主要产品（服务）是指在高新技术产品（服务）中，企业拥有在技术上发挥核心支持作用的知识产权的所有权，且收入之和在企业同期高新技术产品（服务）收入中超过 50% 的产品（服务）。

所以，我们转换一下第六条内容。

"近一年高新技术产品（服务）收入占企业同期总收入的比例不低于 60%，且其中拥有在技术上发挥核心支持作用知识产权的主要产品收入占 50% 以上。"

简言之，高新技术产品（服务）收入不低于总收入的 60%，其中一半以上的收入要来自有知识产权支持的产品。这里是占总收入比例，不是销售收入。总收入包括营业收入、营业外收入、其他收入。

第七，企业创新能力评价应达到相应要求。

企业创新能力主要从知识产权、科技成果转化能力、研究开发组织管理水平、企业成长性四项指标进行评价。各级指标均按整数打分，满分为 100 分，综合得分达到 70 分以上（不含 70 分）为符合认定要求。

四项指标分值结构如表 2-1 所示。

表 2-1

序号	企业创新能力评价指标	分值
1	知识产权	≤30分
2	科技成果转化能力	≤30分
3	研究开发组织管理水平	≤20分
4	企业成长性	≤20分

第八，企业申请认定前一年内未发生重大安全、重大质量事故或严重环境违法行为。

针对这一条件只要查询企业实际情况即可。

高新技术企业创新能力评价评分情况如表 2-2 所示。

表 2-2

评价指标	档次得分	A 档 (≥35%)	B 档 (≥25%)	C 档 (≥15%)	D 档 (≥5%)	E 档 (>0)	F 档 (<0)
知识产权 (≤30 分)	数量 (≤8分)	7～8分 Ⅰ类1项 及以上	5～6分 Ⅱ类5项 及以上	3～4分 Ⅱ类 3～4 项	1～2分 Ⅱ类 1～2 项	0分 (0项)	—
	获得方式 (≤6分)	≤6分 (自主研发)	≤3分 (受让/受赠/并购等)			—	
	对主要研发产品在技术上发挥核心支持作用 (≤8分)	7～8分 (强)	5～6分 (较强)	3～4分 (一般)	1～2分 (较弱)	0分 (无)	—
	技术的先进程度 (≤8分)	7～8分 (高)	5～6分 (较高)	3～4分 (一般)	1～2分 (较低)	0分 (无)	—
	制定标准/检测方法/技术规范 (≤2分) 加分项	1～2分 (是)	0分 (否)	—			
科技成果转化能力 (≤30 分)		25～30分 ≥5项	19～24分 ≥4项	13～18分 ≥3项	7～12分 ≥2项	1～6分 ≥1项	0分 (0项)

档次得分 评价指标	A档 （≥35%）	B档 （≥25%）	C档 （≥15%）	D档 （≥5%）	E档 （>0）	F档 （<0）
研究开发 组织管理 水平 （≤20 分）	研发组织管理制度，研发投入核算体系， 研发费用辅助账（≤6分）					
	内部研发机构及相应科研条件， 产学研合作（≤6分）					
	科技成果转化组织实施与激励奖励制度， 开放式创新创业平台（≤4分）					
	科技人员培养进修、职工技能培训、优秀人才引进、 人才绩效评价奖励制度（≤4分）					
企业 成长性 （≤20 分）	净资产增 长（≤10 分）	9～10分	7～8分	5～6分	3～4分	1～2分
	销售收入 增长率 （≤10分）					

高新技术企业认定的评审指标如表2-3所示。

表 2-3

序号	评审指标	评分	性质
1	申请认定时，企业要注册成立1年以上 （365个日历天数以上）	一票否决	定性
2	企业对主要产品（服务）的核心技术拥有知识产权 （1项Ⅰ类，或5项以上Ⅱ类知识产权）	一票否决	定性
3	产品（服务）属于《国家重点支持的高新技术领域》 规定的八大技术领域范围	一票否决	定性
4	科技人员占企业总职工数比例不低于10% （在职183天以上才能列入名单）	一票否决	定量
5	近三个会计年度的研究开发费用总额占销售收入总额的 比例：①销售收入≤5000万元，研发费用>5%； ②销售收入5000万元～2亿元（含），研发费用>4%； ③销售收入>2亿元，研发费用>3%	一票否决	定性＋ 定量
6	近一年高新技术产品（服务）收入占总收入的60%以上， 且其中有专利的技术产品（服务）收入要占一半以上	一票否决	定性＋ 定量

序号	评审指标	评分	性质
7	核心技术拥有自主知识产权（30分） （Ⅰ类1项以上，Ⅱ类5项以上）	一票否决 （70分以 上，不含 70分）	定性＋ 定量
	科技成果转化能力（30分） （年均转化5项以上科技成果）		定性＋ 定量
	研究开发组织管理水平（20分）		定性
	近三年净资产、销售收入增长率（10分＋10分＝20分）		定量
8	企业申请认定前一年内未发生重大安全、重大质量事故 或严重环境违法行为	一票 否决	定性
评分70分以上＋一票否决条件都满足＝认定通过			

第7节　高新技术企业认定企业评估

一、有效评估企业的三个前提

①熟知项目申请条件、标准要求。

②熟知评审指标。

③熟知评分标准。

二、企业评估的步骤

①根据项目申请条件、评分标准，整理出一份评估信息采集表，以便更直观、更全面地评估本企业的基本情况。

②采集企业基本信息数据。

③将企业基本信息数据与申报要求、评分指标进行对比分析。

④对照评分表进行自评估分，看能得多少分。

⑤自评得分大于70分，则可以进行申请。自评得分稍差一点，可以进行申报，但要准备得足够充分。现有的申请资质条件差太远，则请规划筹备，下一年再申请。

三、企业评估的注意事项

①被评估企业是否拥有足够数量的有效的知识产权需首要关注。知识产权是申报高新技术企业的基础，如没有知识产权或知识产权数量不够，则要抓紧对企业新技术、新产品等申请知识产权。

②企业近三年的财务增长率情况，即销售收入增长率（注意是销售收入，非总收入）、净资产增长率。

③确认科技人员情况。了解科技人员社保缴纳或个税申报情况。了解科技人员学历、职称情况。

④确认研发活动情况。了解企业开展的研发活动内容，是否申请过政府科技项目，有无技术标准、技术规范。了解技术中心认定、场地、研发设备情况。

⑤确认是否有产学研合作、账款往来凭证。

⑥确认主要技术、产品有无第三方检测报告、产品认证证书、查新报告、应用证明、产品合同、相关发票等。

项目申报摸底评估样表如表 2-4 所示。

表 2-4

（符合条件的在方框内画√，下同）

企业名称			成立时间（注册）	年月日
注册类型			近三年年度审计报告	□有 □无
企业法定代表人		法人代码	注册资金	万元
企业联系人姓名		联系电话	邮箱	
企业注册地址				
企业通信地址				
主营业务所属技术领域	□电子信息技术 □新材料 □资源与环境技术	□生物与新医药 □高技术服务业 □先进制造与自动化	□航空航天技术 □新能源与节能 □其他领域	

近三年内获得的自主知识产权数（件）	发明专利		实用新型		外观设计	
	软件著作版权				集成电路布图设计专有权	

2021年人力资源情况	是否拥有核心科研技术人员		□是 □否	
	2021年职工总数（人）		从事技术研究开发人数	
	其中：大专及以上学历科技人员人数			
	硕士及以上学历人数		高级职称人数	
	中级职称人数		初级职称人数	

产品（服务）发票名称（填写几个主要发票名称）	

销售收入（万元）	2019年		净资产（万元）	2019年		净利润（万元）	2019年	
	2020年			2020年			2020年	
	2021年			2021年			2021年	

技术创新水平

是否拥有专门的技术研发设备	□是 □否	研发设备原值	万元
□院士工作站	□市级企业技术中心		□省级企业技术中心

18

□区级工程研究中心	□市级工程研究中心	□省级工程研究中心
□重点实验室	□博士后工作站	□市级科技计划、科技攻关项目
□省级科技计划、科技攻关项目	□研发费用加计扣除备案	□研发机构备案

□是否起草国际标准或国家标准	□是否获得科学技术奖、科技进步奖
□是否参与起草国家标准或行业标准、地方标准	□是否获得专利技术奖
□是否参与起草行业标准或地方标准、团体标准、联盟标准	□是否拥有工法、技法
□是否起草企业标准	□是否有人员进修学习材料
□是否有人才引进	□是否有人员绩效考核奖励材料
□是否有人员培训相关材料	□有无与高校、科研院所建立产学研合作

产品质量水平（有效期内）		
□测量管理体系认证	□二级以上计量认证	□定量包装商品"C"标志
□标准化良好行为企业AAAA级	□标准化良好行为企业AA级以上	□三级计量认证
□质量管理体系认证	□环境管理体系认证	□职业健康安全管理体系认证
□能源管理体系认证	□知识产权管理体系认证	□其他

企业荣誉证书

企业简介

高新技术企业认定财务专家评价表如表 2-5 所示。

表 2-5

企业名称				
企业提交的财务资料是否符合要求		□是　　□否		
中介机构资质是否符合要求	□是　□否	中介机构出具的审计（鉴证）报告是否符合要求		□是　□否
近三年研究开发费用归集是否符合要求	□是　□否	近一年高新技术产品(服务)收入归集是否符合要求		□是　□否
近三年销售收入（万元）	第一年		近三年净资产（万元）	第一年	
	第二年			第二年	
	第三年			第三年	
净资产增长率		销售收入增长率		
近三年销售收入合计（万元）		近一年企业总收入（万元）		
企业成长性（≤20分）				合计：
净资产增长率（≤10分） □A.≥35%（9～10分）　□B.≥25%（7～8分） □C.≥15%（5～6分）　□D.＞5%（3～4分） □E.＞0　（1～2分）　□F.≤0　（0分）				得分：
销售收入增长率（≤10分） □A.≥35%（9～10分）　□B.≥25%（7～8分） □C.≥15%（5～6分）　□D.＞5%（3～4分） □E.＞0　（1～2分）　□F.≤0　（0分）				得分：
对企业财务状况的综合评价				
专家签名：　　　　　　　　　　　年　月　日				

高新技术企业认定技术专家评价表如表 2-6 所示。

表 2-6

企业名称			
企业提交的资料是否符合要求	□是 □否		
企业是否注册成立一年以上	□是 □否		
企业是否获得符合条件的知识产权	□是 □否		
核心技术是否属于《国家重点支持的高新技术领域》规定的范围	□是 □否 （若"是"，请填写三级技术领域标题或编号）		
科技人员占比是否符合要求	□是 □否		
近三年研发费用	研发活动核定数	※ 核除研发活动编号	
	核定总额（万元）	其中：境内核定总额（万元）	
近一年高新技术产品（服务）收入	产品（服务）核定数	核除产品（服务）编号	
	收入核定总额（万元）		
1. 知识产权（≤30分）			得分：
技术的先进程度（≤8分） □A. 高 （7～8分） □B. 较高（5～6分） □C. 一般（3～4分） □D. 较低（1～2分） □E. 无 （0分）			得分：
对主要产品（服务）在技术上发挥核心支持作用（≤8分） □A. 强 （7～8分） □B. 较强（5～6分） □C. 一般（3～4分） □D. 较弱（1～2分） □E. 无 （0分）			得分：

知识产权数量（≤8分） □A. 1项及以上（Ⅰ类）（7～8分） □B. 5项及以上（Ⅱ类）（5～6分） □C. 3～4项 （Ⅱ类）（3～4分） □D. 1～2项 （Ⅱ类）（1～2分） □E. 0项 （0分）	得分：
知识产权获得方式（≤6分） □A. 有自主研发 （1～6分） □B. 仅有受让、受赠和并购等（1～3分）	得分：
企业是否参与编制国家标准、行业标准、检测方法、技术规范 （加分项，≤2分） □A. 是（1～2分） □B. 否（0分）	得分：
2. 科技成果转化能力（≤30分）	得分：
□A. 转化能力强，≥5项（25～30分） □B. 转化能力较强，≥4项（19～24分） □C. 转化能力一般，≥3项（13～18分） □D. 转化能力较弱，≥2项（7～12分） □E. 转化能力弱，≥1项（1～6分） □F. 转化能力无，0项（0分）	得分：
3. 研究开发组织管理水平（≤20分）	得分：
制定了企业研究开发的组织管理制度，建立了研发投入核算体系， 编制了研发费用辅助账（≤6分）	得分：
设立了内部科学技术研究开发机构并具备相应的科研条件，与国内外 研究开发机构开展了多种形式的产学研合作（≤6分）	得分：
建立了科技成果转化的组织实施与激励奖励制度，建立了开放式的 创新创业平台（≤4分）	得分：

建立了科技人员的培养进修、职工技能培训、优秀人才引进，以及人才绩效评价奖励制度（≤4分）	得分：
对企业技术创新能力的综合评价	
合计得分	专家签名： 年 月 日

注：各项均按整数打分。

提示：表格中"※核除研发活动编号"指，专家不认可该研发项目，从而剔除该项目，否认该项目的研发费用投入及项目成果。

第8节 高新技术企业认定企业自评表

高新技术企业认定企业自评表如表2-7所示。

表2-7

单位：万元（保留小数点后两位）

认定类型			认定批次		
所属认定办			认定办隶属机构		
企业所得税征收方式	前三年		前两年		前一年
企业名称（盖章）					
所属技术领域					
联系人		联系人手机（必填）			
专项审计会计师事务所					
企业注册日期		企业规模			

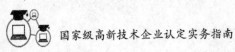

续表

企业性质		组织机构代码或 统一信用代码	
职工总数 （人）		科技人员数（人）	
近三年来企业 销售收入 （万元）			
其中：最近一 年的总收入 （万元）		其中：最近一年的高新技术产品（服务） 销售收入（万元）	
近三年来的 研究开发费用 总额（万元）		最近一年核心技术拥有自主知识 产权的高新技术产品（服务） 销售收入（万元）	
近三年来的 研究开发费用 总额占销售 收入比例 （%）		最近一年高新技术产品收入占 收入总额比例（%）	
最近一年核心技术拥有自主知识产权的高新技术产品（服务）收入占 全部高新技术产品（服务）收入比例（%）			
单项研发项目的其他费用合计是否超过研究开发总费用的20%			
1. 核心自主知识产权（30分）			得分：
技术的先进程度（≤8分） □A.高（7～8分）□B.较高（5～6分）□C.一般（3～4分） □D.较低（1～2分）□E.无（0分）			得分：
对企业产品（服务）在技术上发挥核心支持作用（≤8分） □A.强（7～8分）□B.较强（5～6分）□C.一般（3～4分） □D.较弱（1～2分）□E.无（0分）			得分：
知识产权数量（≤8分） □A.1项及以上（Ⅰ类）（7～8分） □B.5项及以上（Ⅱ类）（5～6分） □C.3～4项（Ⅱ类）（3～4分） □D.3～4项（Ⅱ类）（3～4分） □E.无（0分）			得分：
知识产权获得方式（≤6分） □A.有自主研发（1～6分） □B.仅有受让、受赠和并购等（1～3分）			得分：
企业是否参与编制国家标准、行业标准、检测方法、技术规范 （加分项，≤2分） □A.是（1～2分）□B.否（0分）			得分：

2. 科技成果转化能力（30分）	得分：
□ A. 转化能力强，≥5项（25～30分） □ B. 转化能力较强，≥4项（19～24分） □ C. 转化能力一般，≥3项（13～18分） □ D. 转化能力较弱，≥2项（7～12分） □ E. 转化能力弱，≥1项（1～6分） □ F. 转化能力无，0项（0分）	得分：
3. 技术创新组织管理水平（≤20分）	得分：
制定了企业研究开发的组织管理制度，建立了研发投入核算体系，编制了研发费用辅助账（≤6分）	得分：
设立了内部科学技术研究开发机构并具备相应的科研条件，与国内外研究开发机构开展了多种形式的产学研合作（≤6分）	得分：
建立了科技成果转化的组织实施与激励奖励制度，建立了开放式的创新创业平台（≤4分）	得分：
建立了科技人员的培养进修、职工技能培训、优秀人才引进，以及人才绩效评价奖励制度（≤4分）	得分：
4. 企业成长性（≤20分）	得分：
净资产增长率（10分） □ A. ≥35%（9～10分）　　□ B. ≥25%（7～8分） □ C. ≥15%（5～6分）　　□ D. >5%（3～4分） □ E. >0（1～2分）　　□ F. ≤0（0分）	得分：
销售收入增长率（10分） □ A. ≥35%（9～10分）　　□ B. ≥25%（7～8分） □ C. ≥15%（5～6分）　　□ D. >5%（3～4分） □ E. >0（1～2分）　　□ F. ≤0（0分）	得分：

净资产增长率(%)		销售增长率（%）		合计得分	
企业总体情况自评					

第9节 项目开展前的准备工作

第一，查看最新通知文件，看与往年相比，通知要求、申报条件、附件材料要求等是否有变化。首要的是申报日期的确认。

注意：市区镇级提交材料截止的时间通常会比省级科学技术厅时间提前一周甚至两周，因为市区镇级需要审核及现场考察。

第二，根据通知文件要求的申报书模板，整理一份项目材料清单。仔细查阅系统中申报书模板的内容，看哪一些文件要求是通知上没提到却要求提供的。

第三，在专利查询网站（或天眼查、企查查网站）上查询企业专利、软件著作权具体情况。

第四，查看企业官网，了解企业基本情况，如产品信息（产品类型，检测认证、获奖情况）、技术研发信息、荣誉资质信息等。

第五，了解上述内容后，结合评估表信息数据内容，将问题罗列好，再与企业技术人员、产品经理等相关人员确认具体事项。

第六，编制一份项目工作进度计划表，初步安排分配时间，做到心里有数，以便把控好时间。

做好以上准备工作，项目工作效率会更高，目的性更强。

常用的专利信息、企业信息查询网站有：佰腾网、426导航、天眼查、企查查、启信宝等。

第10节 启动项目的方法

请企业总经理主持项目启动会议，或者由分管副总经理、总监主持。

项目启动流程可参考以下步骤。

①提前准备好材料清单、进度计划安排表等资料。

②召开启动会议，确认启动项目，正式进入项目工作期，请大家提高重视。

③确认各部门主要负责人、项目材料对接人，获取他们的联系方式（电话号码、微信、QQ、邮箱等）。

④根据材料清单、项目申请要求内容、时间进度安排表,请总经理分配任务,

让各部门主要负责人知道自己要提供什么资料、做什么工作、什么时间完成任务等。

⑤列出必须要事先提供的基础材料和已有的可以快速提供的材料清单，让各部门先行提供。

⑥建立一个内部项目工作群，企业总经理和各部门主要负责人都要在群内。

项目启动可以先收集的材料有以下几个方面。

①营业执照、银行开户许可证复印件加盖公章的扫描件、法人身份证扫描件。

②企业注册信息表。

③近三年花名册或者近三年技术人员名单，技术人员学历证书、职称证书、技能证书。

④企业荣誉证书、资质证书。

⑤知识产权证书（包括专利证书、年费收据、软件操作手册、软件登记申请表）。

⑥技术培训照片每年 3 ～ 5 张，以及培训签到表等资料。

⑦研发设备清单及每台研发设备的照片。

⑧企业场地照片 4 ～ 6 张（必须有一张照片包含企业商标）。

⑨企业研发部 / 实验室场地照片 4 ～ 6 张（必须有一张包含部门牌匾）。

⑩年会颁奖照片、员工荣誉证书等。

⑪近三年企业开票明细（销售明细）。

⑫近三年企业财务报表、企业所得税纳税申报表。

⑬已有的产品认证证书、产品检测证书、产品检测 / 测试报告。

⑭已有的制度管理规范文件。

第11节　高新技术企业秘诀之"高新技术企业十分法"

"高新技术企业十分法"，就是将高新技术企业项目分成十个部分来处理。这是根据申报的要求和多年实践提炼出来的高效率手段。

高新技术企业项目分为十个部分，具体如表2-8所示。

表 2-8

序号	编排部分
1	企业注册资质文件
2	人员情况、个税截图、学历证书等
3	企业年审报告、企业所得税纳税申报表
4	专项审计报告
5	研发项目
6	知识产权
7	科技成果转化
8	研发组织管理水平
9	高新技术产品情况
10	企业荣誉证书、资质证书

"高新技术企业十分法"以通知文件材料要求为蓝本,层次划分清晰明了,逻辑结构严谨。具体分成十个部分,在清楚确认每一个部分所需材料后,只需按图索骥填充完整材料即可。数字序号必不可少,它可保证收集的材料不会混乱。结合工作情况表使用,效果更佳。

第 12 节　高新技术企业秘诀之工作情况表

工作情况表的神奇之处在于以下几个方面。

①使相关人员对项目核心内容与材料安排了然于心。

②模块化分别处理,效率更高。

③逻辑清晰明了,各事项直观可见,事情再多、工作再忙也不会乱。

④随时可以掌控项目进度情况。

工作情况表分为七个子表格,分别是总表、知识产权表、研发项目表、高新技术产品(服务)表、科技成果转化表、研发组织管理水平表、科技人员名单表。

下面具体看工作情况表的七个子表格。

总表如表 2-9 所示。

表 2-9

序号	编排部分	现状	所需材料
1	企业注册资质文件		营业执照、开户许可证、注册信息表、法人身份证扫描件
2	人员情况、个税截图、学历证书等		上年度1、3、6、9、12月个税截图（社保明细）、近三年人员名单、人力资源情况表
3	企业年审报告、企业所得税纳税申报表		近三年纳税申报表主表及A开头的所有附表、近三年财务审计报告
4	专项审计报告		近三年研发费用专项审计报告、上年度高新产品收入专项审计报告、研发费用台账
5	研发项目		近三年研发项目立项书、中期检查报告、研发项目结题报告等
6	知识产权		近三年专利证书、专利缴费凭证、购买专利的手续合格通知书、软件著作权证书、软件著作权申请登记表、软件操作手册
7	科技成果转化		近三年开票明细、发票、合同、产品照片、软件截图、工程施工现场照片、检测报告等
8	研发组织管理水平		培训和研发场地、设备照片，设备清单，制度文件，培训进修文件，绩效奖励文件，成果奖励文件等
9	高新技术产品情况		上年度开票明细、上年度每个高新技术产品的大额发票2～3张、合同、产品证书、检测报告、专利证书
10	企业荣誉证书		荣誉证书（如ISO体系认证证书、获奖证书、协会会员单位证书等）

总表里的内容根据"高新技术企业十分法"分成十个部分，且每个部分需要的材料都罗列得一清二楚。

知识产权表如表 2-10 所示。

表 2-10

序号	名称	类别	申请/授权号	授权日期	获得方式	关联研发项目	关联高新技术产品	关联科技成果	现状
1									
2									

序号	名称	类别	申请/授权号	授权日期	获得方式	关联研发项目	关联高新技术产品	关联科技成果	现状
3									
4									
5									
6									
……									
20									

将所有知识产权项目列上来，填好其具体信息，三年前授权的也列上。这对后续填写系统、确认研发项目名称有很大的帮助。

研发项目表如表2-11所示。

表2-11

序号	项目名称	开始时间	结束时间	关联知识产权	研发人员数	参与人员姓名	负责人	技术领域	现状
RD01									
RD02									
RD03									
RD04									
RD05									
RD06									
……									
RD18									

将确认好的研发项目名称、开始和结束时间、参与人员、负责人都列上来，制成汇总表，既方便会计师事务所开展研发费用审计工作，也方便研发人员后续填写系统。

高新技术产品（服务）表如表2-12所示。

表 2-12

序号	上年度主要销售产品名称	销售收入（万元）	关联知识产权	需要提供的材料	现状
PS01					
PS02					
PS03					
……					
PS06					

将收入占比高，且有相关知识产权的产品（服务）列上来，制成汇总表，既方便开展高新技术产品收入审计工作，也方便采集资料，一览进度，填写系统。

科技成果转化表如表 2-13 所示。

表 2-13

序号	成果名称	转化时间	关联研发项目	关联知识产权	关联高新技术产品	已收集的佐证材料	现状
1							
2							
3							
4							
5							
6							
……							
20							

将确认的科技成果转化产品罗列上，包括其转化来源（关联研发项目）、转化时间。在"已收集的佐证材料"一栏将收集到的证明材料——列上来，可以直观了解已经收集到的资料和需要继续收集什么资料。

研发组织管理水平表如表 2-14 所示。

31

表 2-14

序号	制度文件名称	现状
1	研发组织管理制度、研发准备金制度、研发立项决议文件	
2	研发投入核算体系制度	
3	研发准备金计提决议文件、研发费用预算决议、研发费用辅助账	
4	研发部门成立文件（含部门负责人任命相关内容、组织结构图）、研发机构建设证书、工程技术研究中心证书、企业技术中心证书或相关公示证明材料	
5	企业场地照片（至少一张照片含企业商标）	
6	研发部门办公及场地照片	
7	研发设备清单、研发设备照片	
8	固定资产管理制度（研发设备管理制度）、设备日常管理表格文件、ISO质量管理体系认证证书	
9	产学研管理制度	
10	产学研技术开发合同、费用转款凭证、技术成果证明材料	
11	科技成果转化组织实施与激励制度	
12	科技成果转化奖励证明文件、奖金签收表、奖金发放银行凭证等	
13	知识产权管理制度（专利权、软件著作权、版权、商标的管理制度）、知识产权贯标体系证书	
14	专利权、软件著作权、版权、商标的检索报告，申请审批表，风险监控记录台账等	
15	科技人员培养进修制度	
16	员工进修缴费凭证、学员证等	
17	职工技能培训制度	
18	员工培训通知、签到表、培训现场照片、培训总结文件、结业证书、外部培训相关文件等	
19	优秀人才引进制度	
20	人才引进的相关证明文件、聘书、人才合同、人才引进聘书发放照片等	

序号	制度文件名称	现状
21	人才绩效评价奖励制度（技术人员绩效考核制度）	
22	绩效考核奖励通知文件、奖金签收表、奖金发放银行凭证、优秀员工等荣誉证书、颁奖照片	
23	开放式创新创业平台（共建研发中心、共建研发机构、共建实验室、企业开放式项目孵化部门、协同创新平台文件、众创空间、企业服务平台等）	
24	是否主导/参与制定行业标准/方法/规范	

　　在高新技术企业认定过程中，组织管理水平所需要的所有的制度文件名称均列在表格里，只需要按照表格中所列的条目提供关联的制度文件和制度实施执行的证明材料即可，非常方便。

　　科技人员名单表如表2-15所示。

表 2-15

社保人员名单						科技人员名单					
序号	1月	3月	6月	9月	12月	序号	姓名	身份证号码	学历	职称	专业	岗位/项目分工
1						1						
2						2						
3						3						
4						4						
5						5						
6						6						
7						7						
8						8						
9						9						
10						10						
……						……						
28						28						

首先将上年度 1 月、3 月、6 月、9 月、12 月社保缴纳人员、个税申报人员都列出来，然后从中选择至少在上述三个月份节点列表里都有名字的科技人员。科技人员名单表制作确认后，也方便后续材料的收集、整理。

第 13 节　高效率整理材料的排版技巧

高新技术企业项目申报涉及企业的各个部门，需要采集整理的资料非常多、非常琐碎，因此如果能够有一个高效率的材料整理技巧，将会为项目工作带来非常大的帮助。

我们分享一个高效率整理材料的排版技巧，按照以下方法，一定可以有效提高项目工作的效率。

①在材料采集整理的过程中，先按照"高新技术企业十分法"新建一个文件夹，以企业名称命名。

②在文件夹里，新建十个子文件夹，每个子文件夹分别标上数字序号，并把文件夹按照"高新技术企业十分法"内容命名。

③文件夹前的数字序号必不可少，它可以保证文件夹按顺序排列。

具体如图 2-2 所示。

名称	修改日期	类型
排版 ＞		
01 企业三证一照-注册信息表	2015-11-12 9:15	文件夹
02 科技人员情况-社保材料-个税截图	2015-11-12 9:15	文件夹
03 财务审计报告-所得税纳税申报表	2015-11-12 9:15	文件夹
04 研发费用-高品收入专项审计报告	2015-11-12 9:16	文件夹
05 RD研发创新活动	2015-11-12 9:16	文件夹
06 知识产权	2015-11-12 9:16	文件夹
07 科技成果转化	2015-11-12 9:16	文件夹
08 组织管理水平	2015-11-12 9:17	文件夹
09 PS高新技术产品	2021-04-17 16:20	文件夹
10 荣誉证书	2015-11-12 9:17	文件夹
01 高新工作情况表2021	2021-04-17 16:18	XLS 工作表
01高企认定须提供的资料-2021	2021-03-29 17:09	DOC 文档
高企可先提供的材料2020	2020-03-12 17:43	文本文档

图 2-2　高新技术企业项目申报材料整理

在十个部分中，每一个部分根据实际需要建立子文件夹。每个研发项目都建立一个文件夹，并以研发项目名称命名。相关立项书、中期检查报告、验收报告等资料都收集在对应的文件夹中即可，方便查找与核对。

研发创新活动文件夹如图 2-3 所示。

排版 › 05 RD研发创新活动		
名称 ^	**修改日期**	**类型**
RD01	2021-04-17 16:24	文件夹
RD02	2021-04-17 16:24	文件夹
RD03	2021-04-17 16:24	文件夹
RD04	2021-04-17 16:24	文件夹
RD05	2021-04-17 16:24	文件夹
RD06	2021-04-17 16:25	文件夹
RD07	2021-04-17 16:25	文件夹
RD08	2021-04-17 16:25	文件夹
RD09	2021-04-17 16:25	文件夹

图 2-3　研发创新活动文件夹

每项知识产权都建立一个文件夹，并以知识产权名称命名。相关专利证书、摘要、年费缴费凭证都放在对应的文件夹中即可。

知识产权文件夹如图 2-4 所示。

排版 › 06 知识产权 ›		
名称 ^	**修改日期**	**类型**
01	2021-04-17 16:22	文件夹
02	2021-04-17 16:22	文件夹
03	2021-04-17 16:22	文件夹
04	2021-04-17 16:22	文件夹
05	2021-04-17 16:22	文件夹

图 2-4　知识产权文件夹

高新技术产品（服务）、科技成果转化、组织管理水平也是如此建立文件夹。

高新技术产品文件夹如图 2-5 所示。

排版 › 09 PS高新技术产品 ›

名称	修改日期
PS01	2021-04-17 16:19
PS02	2021-04-17 16:19
PS03	2021-04-17 16:19
PS04	2021-04-17 16:19
PS05	2021-04-19 10:37

图 2-5　高新技术产品文件夹

科技成果转化文件夹如图 2-6 所示。

排版 › 07 科技成果转化

名称	修改日期
01	2021-04-17 16:23
02	2021-04-17 16:23
03	2021-04-17 16:23
04	2021-04-17 16:23
05	2021-04-17 16:23
06	2021-04-17 16:23
07	2021-04-17 16:23
08	2021-04-17 16:23

图 2-6　高新技术产品文件夹

组织管理水平文件夹如图 2-7 所示。

排版 › 08 组织管理水平 ›

名称	修改日期
01研发项目立项报告制度-研发投入核算管理制...	2021-05-10 16:45
02研发部成立文件-公司场地照片-研发场地照...	2021-05-10 16:45
03科技成果转化实施管理办法-知识产权激励制...	2021-05-10 16:45
04科技人员培训制度-培训相关文件- 员工培养...	2021-05-10 16:45

图 2-7　组织管理水平文件夹

第14节　系统账号的注册及演示

在广东省进行高新技术企业项目申报工作必须要注册两个平台。

科学技术部政务服务平台、广东省科技业务管理阳光政务平台，直接搜索平台名称即可。

注意：在注册使用时，有的平台有特定浏览器的使用要求，如火狐浏览器、谷歌浏览器等。

※ 其他省份和地区请留意高新技术企业项目申报通知的具体要求，通常会在通知文件中列明系统平台网址。

科学技术部政务服务平台需要注册个人账号、企业账号，并需要进行实名认证。

温馨提示：所有平台的密码尽可能保持一致，以方便记忆。这样即便出差在外，也可以很快回想起来。账号和密码要保管好，在离职时要交接好。平台账号里的单位联系人最好填写部门经理以上级别人员。因为他们更稳定，不容易离职。

科学技术部政务服务平台界面如图 2-8 所示。

图 2-8　科学技术部政务服务平台

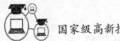

广东省科技业务管理阳光政务平台界面如图2-9所示。

图2-9 广东省科技业务管理阳光政务平台

广东省科技业务管理阳光政务平台申报单位注册界面如图2-10所示。

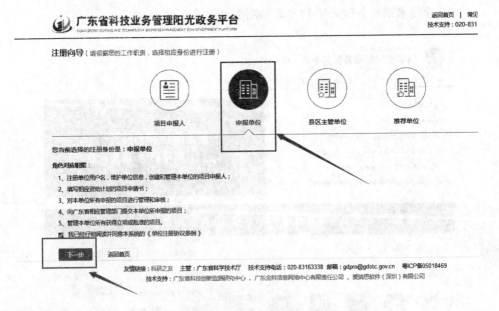

图2-10 广东省科技业务管理阳光政务平台

第15节　研发项目、科技成果转化、知识产权、高新技术产品（服务）之间的逻辑关系

前文中提到，高新技术企业的核心活动是研发创新活动。在高新技术企业认定工作中，研发项目、科技成果转化、知识产权、高新技术产品（服务）是主要的四个内容模块，也是认定工作的中心内容。所以，清楚梳理这四者之间的逻辑关系，对于高新技术企业认定工作来讲，具有非常重要的意义。该逻辑关系是高新技术企业认定中最重要、最核心的基本逻辑关系，我们一定要深刻理解。

我们以一个研发创新活动的逻辑图进行说明，如图 2-11 所示。

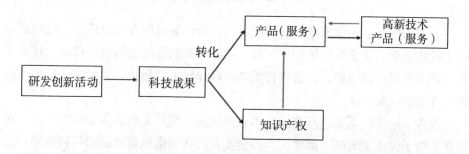

图 2-11　研发创新活动逻辑图

由上图可以看出，一般的研发创新活动的流程如下。

第一步：进行研发项目。

第二步：产出科技成果。

第三步：申请知识产权。

第四步：转化形成产品（服务）。

我们因此得出以下结论。

①科技成果是研发创新活动的直接产物。

②知识产权是研发创新活动的直接产物。

③产品（服务）是科技成果转化后的直接产物。（延伸：科技成果转化是研发项目产品、项目核心技术的转化，科技成果转化名称，也就是研发项目产品名称、项目核心技术名称）

④高新技术产品（服务）是企业上年度所有产品（服务）中挑选出来的收

入高的、有知识产权授权支持的产品（服务）。

为了更好地理解四者之间的逻辑关系和相应的逻辑结论，我们下面以一个产品开发项目为例进行说明，如图2-12所示。

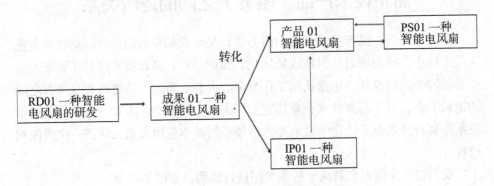

图 2-12　产品开发项目图

如上图所示，一家家电企业开展了一款新产品的研究开发活动，成功研发出了科技成果。企业为保护知识产权，把新研制的智能电风扇的样品、技术工艺申请了知识产权保护，接着将智能电风扇样机进行转化，批量生产销售，形成了智能电风扇产品。

现在，这家企业要进行高新技术企业认定，要归集确认高新技术产品。在归集汇总了企业主要的产品之后，该企业发现智能电风扇产品卖得特别好。这一种产品的收入占企业上年度总收入的比例高达70%，加上该产品的关键技术拥有知识产权，因此，企业就把智能电风扇产品单独确认为该企业的高新技术产品。

第16节　科技人员的确认

一、科技人员占比要求

高新技术企业认定对科技人员有条件要求：科技人员占企业总人数的比例不低于10%，且科技人员须在职满183天。

注意：科技人员名单指的是上年度科技人员的名单，非近三年全部的科技人员名单。（某些省份要求不同，请注意查看通知文件中的内容要求）

二、确定科技人员名单

①将企业上年度所有技术人员均列入科技人员名单中。

②技术人员实际参与了哪一个研发项目，就将其确认到那一个研发项目参与人员名单中。

注意：现实情况是，在高新技术企业认定中不能把所有技术人员都列到名单里去。

《高新技术企业认定管理工作指引》中规定，在职满183天才能算有效的科技人员。

企业人员流动性较大，有的人员虽然参与了重要的项目，可是三个月就离职了，不够183天，就不能加入科技人员名单里面。

在这种情况下，选定科技人员名单的方法和步骤如下。

①请人事行政部的同事提供近三年的职工花名册（包含岗位部门、人员学历、入职时间、离职时间等信息）。

②请财务部同事提供上年度1月、3月、6月、9月、12月的社保缴纳明细（或个人所得税申报明细）。

③将上年度1月、3月、6月、9月、12月的社保缴纳（或个人所得税申报）的科技人员分别在表格里列出来。

在职满183天最直观的证明就是，至少要在1月、3月、6月或者3月、6月、9月或者6月、9月、12月的社保缴纳（或个人所得税申报）名单上有名字。否则，就要将该技术人员从科技人员名单里剔除。

科技人员社保缴纳名单举例如表2-16所示。

表 2-16

2020 年科技人员社保缴纳名单				
序号	1 月	3 月	6 月	9 月	12 月
1	张三	张三	张三	张三	张三
2	李四	李四	李四	李四	李四
3	王二	王二	王二	王二	王二
4	小刚	小刚	小刚	小刚	小刚
5	韩梅梅	韩梅梅	韩梅梅	韩梅梅	韩梅梅
6	李雷	李雷	李雷	李雷	李雷
7	小明	小明	小明	小明	小明

序号	1 月	3 月	6 月	9 月	12 月
8	小红	小红	小红	小红	小红
9	—	赵六	赵六	赵六	赵六
10	—	—	田九	田九	田九
11	—	—	—	钱老五	钱老五
12	孙十八	孙十八	孙十八	—	—
13	陈小刀	陈小刀	—	—	—

2020 年科技人员社保缴纳名单

某家企业 2020 年 1 月、3 月、6 月、9 月、12 月社保缴纳名单中的科技人员如上表所示。

其中，钱老五只在 9 月、12 月有社保缴纳记录，那么即便他是研发总监，也不能加入科技人员名单里面。陈小刀 1 月、3 月有社保缴纳记录，如果入职不够 183 天也要剔除，如果入职一年多了，但是在 3 月离职的，那么也可以加入科技人员名单。

※ 在正常情况下，销售、生产、总经办、品控等与研发创新活动关系不大的人员，不建议列入科技人员名单中。要列入这些人员，就要明确其项目分工内容，并且做好项目工时分配记录。属于项目开发工作内容的人员费用才能列支研发费用。人员总数可以选择 12 个月的平均数。

三、科技人员相关注意事项

通常技术人员工资不能太低，至少不能低于企业平均工资。

①人员工资在社保缴纳明细（或个税申报明细）中是可以反映出来的。

②财务审计报告中的现金流量表里有应付职工薪酬的数据，根据申报填写的职工总数，很容易计算企业平均工资。

一旦专家认为技术人员工资偏低，不符合该行业一般的薪资待遇水平，会有较高的风险否定企业的研发费用。因为，专家会认为这些人根本就不是技术人员，而是充数的。否定了技术人员，自然也就否定了研发费用中技术人员工资费用投入等数据。

四、科技人员证明材料

科技人员名单（花名册）、个税截图（社保缴纳证明）、学历证书、职称证书、技能证书。（部分材料视地区要求确定）

五、规范研发项目流程

在日常研发创新过程中规范研发项目流程，确定相关人员。

①在年初时召开会议，初步确定新年度总的研发项目数量、项目名称、项目起止时间。

②确定参与研发工作的人员名单，安排好各项目组具体的参与人员，确定项目负责人。

第17节　高新技术产品（服务）的确认方法

第一，在高新技术企业认定过程中，对高新技术产品（服务）的要求如下。

"近一年高新技术产品（服务）收入占企业同期总收入的比例不低于60%；且其中拥有在技术上发挥核心支持作用的知识产权所有权的产品收入之和在企业同期高新技术产品（服务）收入中超过50%的产品（服务）。"

注意：这里的总收入包含营业收入、营业外收入、其他收入在内。

例如，2020年企业总收入1000万元，那么高新技术产品（服务）收入总额最低不低于600万元。假设归集确认的高新技术产品（服务）收入是800万元，那么800万元收入中有相关专利支持的产品的收入要不低于400万元。

通常高新技术产品（服务）收入归集要根据企业高新技术产品（服务）实际收入情况，在审计的时候要归集高于60%的比例，以避免被评审专家否决部分高新技术产品（服务），进而影响高新技术产品（服务）收入总占比。

第二，确定高新技术产品（服务）的步骤。

第一步：请财务部同事提供上年度的销售开票明细，将其中与知识产权相关的高科技创新产品（服务）全部列出来，制成高新技术产品（服务）汇总表。

第二步：核算具有知识产权的高科技创新产品（服务）的收入数据，计算这部分产品（服务）收入是否占总收入的60%以上。

如果占总收入的60%以上，就将这几项产品（服务）确定为高新技术产品（服务）。

如果不够总收入的 60%，我们就要增加其他销售收入高的高科技创新产品（服务），直到满足收入不低于 60% 的条件要求。首选有产品（服务）认证、产品证书、检测报告的产品（服务）。

第三，工程技术服务类公司如何归集高新技术产品（服务）收入，确定高新技术产品（服务）名称?

①将工程项目名称直接确定为高新技术产品（服务）名称，归集收入。

②将技术族群、同类技术服务大类确定为工程技术服务名称，归集相关技术服务收入。

第四，如果初步归集的有知识产权的产品（服务）收入占比远远不够高新技术产品（服务）收入总额的一半，怎么办?

这要分两种情况来看。

第一种情况，按照最低要求，高新技术产品（服务）收入占总收入比例归集到刚好满足条件的 60.1%，以便尽可能提高拥有知识产权的产品（服务）的收入比例。

第二种情况，按照最低要求归集，初步归集的有知识产权的专利产品（服务）收入依然远远不够 60% 的比例，怎么办?

这时有两个选择。

①放弃今年申报高新技术企业，先进行规划，多申请几个专利，明年再申报。

②与技术人员一道，仔细研究其他收入高的产品（服务）技术，探讨这些收入高的产品（服务）技术与现有知识产权是否相关。

如果相关，则将该产品与现有知识产权关联起来。

如果关联性较弱，则要在高新技术产品（服务）表格文字表述中，清晰明了地陈述清楚为什么相关，哪一部分技术内容相关，对本产品（服务）的支持作用有哪些。

第五，确定高新技术产品（服务）后，要将其名称修饰润色一下。

如在产品名称中加入有产品技术特点、创新点的词语。

图 2-13　一种高新技术产品

例如，对图 2-13 的表述，"一种建筑砖头"不如"一种具有稳定结构的隔热阻燃型建筑砖头"合适。

第六，另外的一些建议。

①鉴于审核趋于严格，为了直接证明本产品是高新技术产品，建议企业申请名优高新技术产品认证、新产品认证、科技成果鉴定、技术评价等项目。

②对主要的、销售量非常大的高科技产品，企业要及时申请知识产权保护。

第18节　高新技术领域的选择技巧

高新技术企业认定核心条件之一是，对企业主要产品（服务）发挥核心支持作用的技术属于《国家重点支持的高新技术领域》规定的范围。

该条件是一票否决项，不在技术领域范围内的产品直接否决。因此，选择合适的高新技术领域就十分重要。

第一，首先需要明确的三点内容。

①没有先进的行业，只有先进的技术，所谓的传统行业中也有不断创新的先进技术。

②确认归集高新技术产品（服务）时，要通过产品（服务）的核心关键技术来判断它是否是高新技术产品（服务），而不是通过产品（服务）本身来判断。

③技术领域的选择是通过企业主营业务产品（服务）的主要技术、关键技术来进行的。

第二，主营技术领域选择的步骤。

第一步：归集确认企业上年度的高新技术产品（服务）。

第二步：确认主营业务产品（服务）的技术竞争优势。

第三步：列出对技术竞争优势起到核心支持作用的关键技术。

第四步：查看这些关键技术是否属于八大领域，具体属于哪一领域。

第三，技术领域选择的其他切入点。

①从高新技术产品（服务）的相关专利技术入手。

②从高新技术产品（服务）的技术指标参数入手，推导实现这些技术参数而利用到的主要技术。

③从高新技术产品（服务）的技术特点、功能特点入手，列出实现这些功能特点的主要技术。

④从高新技术产品（服务）的核心组件、部件技术入手。

温馨提示：同一个技术功能特点、同一个技术竞争优势可以由不同的技术路径去实现。不同的路径，其技术领域则可以不同。

第四，在确定技术领域后，只要是服务于所选定技术领域的前、后环节相关的专利技术、装置、工艺、系统软件等，都可以列入该技术领域。即便看起来该装置、工艺、系统软件与所选技术领域差异很大，也直接列入。

例如，工业废水处理设备上有软件操作系统，这个软件操作系统项目的技术领域依然可以选择"资源与环境—水污染控制与水资源利用技术"，而不选择"电子信息—软件"相关领域。

国家重点支持的高新技术领域如表 2-17 所示。

表 2-17

序号	一级领域	二级细分领域
一	电子信息	（一）软件 （二）微电子技术 （三）计算机产品及其网络应用技术 （四）通信技术 （五）广播影视技术 （六）新型电子元器件 （七）信息安全技术 （八）智能交通和轨道交通技术
二	生物与新医药	（一）医药生物技术 （二）中药、天然药物 （三）化学药物研发技术 （四）药物新剂型与制剂创制技术 （五）医疗仪器、设备与医学专用软件 （六）轻工和化工生物技术 （七）农业生物技术
三	航空航天	（一）航空技术 （二）航天技术
四	新材料	（一）金属材料 （二）无机非金属材料 （三）高分子材料 （四）生物医用材料 （五）精细和专用化学品 （六）与文化艺术产业相关的新材料

序号	一级领域	二级细分领域
五	高技术服务	（一）研发与设计服务 （二）检验检测认证与标准服务 （三）信息技术服务 （四）高技术专业化服务 （五）知识产权与成果转化服务 （六）电子商务与现代物流技术 （七）城市管理与社会服务 （八）文化创意产业支撑技术
六	新能源与节能	（一）可再生清洁能源 （二）核能及氢能 （三）新型高效能量转换与储存技术 （四）高效节能技术
七	资源与环境	（一）水污染控制与水资源利用技术 （二）大气污染控制技术 （三）固体废弃物处置与综合利用技术 （四）物理性污染防治技术 （五）环境监测及环境事故应急处理技术 （六）生态环境建设与保护技术 （七）清洁生产技术 （八）资源勘查、高效开采与综合利用技术
八	先进制造 与自动化	（一）工业生产过程控制系统 （二）安全生产技术 （三）高性能、智能化仪器仪表 （四）先进制造工艺与装备 （五）新型机械 （六）电力系统与设备 （七）汽车及轨道车辆相关技术 （八）高技术船舶与海洋工程装备设计制造技术 （九）传统文化产业改造技术

第 19 节　专项审计报告出具注意事项

在高新技术企业认定过程中，需要出具两份不同的专项审计报告，一是近三年研发费用投入专项审计报告，二是上年度高新技术产品（服务）收入专项审计报告。

《高新技术企业认定管理工作指引》及各省份相关部门对于出具专项审计

报告的会计师事务所有明确的资格要求和材料要求，具体在高新技术企业认定申报通知文件里有列明。

目前，可以出具专项审计报告的会计师事务所都是有资质的事务所，企业可以多找几家会计师事务所了解情况。

首先，不要选择被相关部门警告过的会计师事务所。

广东省会计师事务所黑名单每年更新，具体查询方法如下。

进入广东省阳光政务平台→点击添加高新技术企业申报书→点击企业年度研发费用结构明细表→在该页面下方直接点击下载查看。

其次，企业应选择有一定实力的会计师事务所。小的事务所人手少、业务多，专业度、审计质量有时会有所下降。

再次，在出具报告的过程中，企业要随时与事务所对接人员沟通交流，要及时调整报告内容，注意申报截止日期。

最后，审计报告初稿电子版出具后，企业要先让事务所发来检查，核对信息、数据等内容，发现错误要及时纠正，以避免报备后再修改，那样会比较麻烦。

第 20 节　知识产权的主要来源

知识产权主要来源如图 2-14 所示。

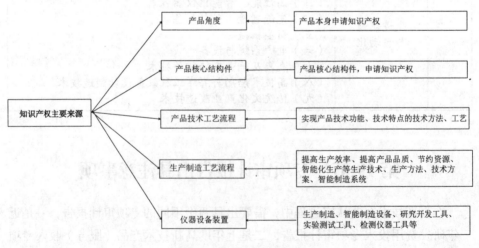

图 2-14　知识产权主要来源

企业在进行知识产权申请时的注意事项如下。

①一定要和主营业务、主营产品紧密相关。

②一定要和产品技术工艺流程紧密相关。

③一定要和生产制造工艺流程紧密相关。

④确定好专利申请方向后，要与专利工程师保持沟通。

第21节　研发项目立项书基本要求及撰写

一、初创型企业、中小企业研发程序现状

①部分企业在技术开发上投入不少，对扶持政策的了解却比较少。

②企业埋头苦干，一门心思搞开发，只想着产品、技术赶紧上市。

③企业忽略了对一系列必要文件的整理，觉得没有用，只认真搞开发。

④企业投入大量资金在研发上面，但没有归集研发费用，没有体现在账目上。

因此，企业在研发过程中的一系列技术、财务等相关文件十分重要。所有科技项目的申请都离不开企业研发过程中的技术文件、实验检测、财务预算、研发费用归集等一系列相关资料。

二、研发项目立项书的基本内容格式和要求

①基本内容框架要完整。

立项书主要内容应包括项目名称、起止时间、项目成员名单、项目立项背景（立项理由）、项目开发主要内容、项目可行性、创新点、预期取得的成果、费用预算、进度计划安排、领导审批。

②立项书不能太简单，所有立项书文件格式要统一。

③立项书要有头有尾，有立项申请书，完结的项目要有结题验收的文件。

三、在日常研发创新过程中规范流程

在年初时召开会议，初步预估确定新年度总的研发项目数量、项目名称、项目起止时间、研发费用预算、研发准备金计提、研发费用归集建账。

确定研发人员名单，安排各项目组具体参与人员，确定项目负责人，编制研发项目立项申请书，整理保管好研发相关技术资料等。

科技项目立项书示例如下。

科技项目立项书

项目类别：＿＿＿＿＿＿＿＿＿＿＿＿＿

项目名称：＿＿＿＿＿＿＿＿＿＿＿＿＿

项目负责人：＿＿＿＿＿＿＿＿＿＿＿＿＿

承担部门：＿＿＿＿＿＿＿＿＿＿＿＿＿

起止时间：＿＿＿＿＿＿＿＿＿＿＿＿＿

×× 公司

2012 年 10 月 08 日

一、立项理由（立项背景、目的和意义）

二、项目研究内容（拟解决的关键技术、项目技术路线、创新点）

三、要达到的目标、成果形式及主要指标（技术指标、预期成果、项目目标、经济指标、成果形式等）

四、项目组织实施方案

五、项目负责人及主要参加人员

姓名	部门	职务	职称	学历	分工

六、项目研发进度计划	时间进度计划	主要实施内容

七、考核目标、签字验收标准
项目按研发计划书完成设计要求并通过验收测试

八、知识产权归属与合作单位
本项目由我公司自主研发所得，本项目知识产权所有权属于我公司所有

九、经费概算

科目（具体科目视需要调整）	预算经费（万元）
1.人工费	
2.直接投入费用	
①购置原材料	
②能源费	
3.折旧费用与长期待摊费用摊销	
4.产品设计费用	
5.设备调试费用	
6.无形资产摊销费	
7.其他费用	
费用合计	

十、项目立项评审组意见
十一、总经办签署意见
年　月　日

××公司
设计评审报告

申请部门：

项目名称		评审组长	
任务来源			
参加评审人员			

评审内容：

评审结论：

××公司
科技项目验收申请单

申请部门：

项目名称			
项目负责人		项目完成时间	2013 年 4 月 30 日
项目执行期	2012 年 10 月—2013 年 4 月		

项目申请验收理由：
"＿＿＿＿＿＿"按时间完成研发项目，实现预期目标，申请项目验收。

申请人：
2013 年 4 月 30 日

××公司

科技项目验收单

申请部门：

2013 年 4 月 30 日，公司科技项目验收小组对"×××的研发"项目进行鉴定验收。经评审，该项目已按期完成研发任务，符合公司科技项目验收管理程序中的各项要求，准予验收，同意该项目负责人持本单到资料室办理所有技术资料的入库手续。

公司项目验收小组

2013 年 4 月 30 日

项目验收人签名：

公司总经理：

年　　月　　日

第22节 研发活动情况表、知识产权明细表、高新技术产品（服务）情况表的编制方法

在提交高新技术企业认定资料的时候，需要填写研发活动情况表、知识产权明细表、高新技术产品（服务）情况表。这三份表格的填写质量在相当程度上影响着整个高新技术企业的评审。因此，我们要认真对待这三份表格的内容。

首先回顾一下，研发创新活动、科技成果转化、知识产权、高新技术产品（服务）的逻辑关系，可参考图 2-11，见本书第 39 页。

由逻辑图可知：

①知识产权来自研发项目的核心技术；

②产品（服务）的关键技术也来自同一研发项目的核心技术；

③知识产权是产品（服务）的关键技术（或关键技术之一）。

因此，研发活动情况表、知识产权明细表、高新技术产品（服务）情况表三份表格的内容填写也需要遵循上述逻辑关系，保持内容在逻辑上的一致性。

这一点非常重要，是专家考核的重点。

一、研发活动情况表

立项目的：立项书中的立项背景、立项理由。

核心技术及创新点：列出三点主要的内容即可，核心技术及创新点可以合在一起写，不必分开写。

取得的阶段性成果：列出三点即可。

研发活动情况表写法具体如表 2-18 所示。

表 2-18

立项目的： 立项背景，立项理由。
核心技术及创新点： 1.×× 技术。通过 ×××，解决了 ×××，实现了 ×××。 2.×× 技术。通过 ×××，解决了 ×××，实现了 ×××。 3.×× 技术。通过 ×××，解决了 ×××，实现了 ×××。

> 取得的阶段性成果:
> 1. 通过本项目研发,已掌握了什么核心技术。
> 2. 什么核心技术获得了知识产权。
> 3. 什么核心技术应用在高新技术产品上。
> 举例:
> 1. 通过本项目研发,已掌握了①××技术;②××技术;③××技术。
> 2. ××技术获得了发明专利:IP01×××(专利号)。
> 3. ××技术已应用在公司主营产品(服务)PS01×××上。

二、知识产权明细表

摘要:直接在知识产权网站上查询复制即可。

知识产权对本企业产品(服务)核心技术支持作用的说明:写出研发活动情况表中阶段性成果一栏中第2点、第3点,再拓展写一下该技术的创新点即可。

知识产权明细表写法具体如表2-19所示。

表2-19

知识产权摘要:
知识产权对本企业产品(服务)核心技术支持作用的说明: (基本等同知识产权有益效果) 本专利技术应用在公司主营产品(服务)PS01中,实现了PS01×××,通过×××,解决了×××,实现了×××。对PS01转化上市起到了关键的支持作用。

三、高新技术产品(服务)情况表

关键技术:高新技术产品(服务)的关键核心技术与研发项目核心技术及创新点是一一对应的关系。

技术指标:高新技术产品(服务)的核心技术及创新点的指标参数、目标参数。

竞争优势:关键技术所解决的、所实现的就是竞争优势,竞争优势是基于关键技术的。

有几项关键技术就写几条竞争优势。每一条先写技术竞争优势,然后写带来技术竞争优势的高新技术产品（服务）的核心技术及创新点。

知识产权获得情况及其对产品（服务）在技术发挥上的支持作用：一是自主知识产权，二是核心支持作用。写出上述两点内容即可。

高新技术产品（服务）情况表写法具体如表 2-20 所示。

表 2-20

关键技术： ① ×× 技术。通过 ×××，解决了 ×××，实现了 ×××。 ② ×× 技术。通过 ×××，解决了 ×××，实现了 ×××。 ③ ×× 技术。通过 ×××，解决了 ×××，实现了 ×××。 技术指标： 举例： 卫星通信仅延时 0.0001 毫秒，卫星定位精度可达 5 厘米以内。
竞争优势：关键技术所解决的，所实现的就是竞争优势。 举例： ①通信无延时。×× 技术。采用 ×××，解决了 ×××，实现了 ×××。 ②卫星定位精度高。×× 技术。采用 ×××，解决了 ×××，实现了 ×××。
知识产权获得情况及其对产品（服务）在技术上发挥的支持作用： 1. 自主知识产权：关键技术 ××，已获得知识产权 IP×××。 2. 核心支持作用：采用 IP××× 专利技术，获得的有益效果。 举例： 1. 自主知识产权：关键技术 ×× 技术，已获得了发明专利：IP01×××（专利号）。 2. 核心支持作用：采用 IP01××× 专利技术，通过 ×××，解决了本主营高新技术产品（服务）的 ×××，实现了 ×××，使本主营高新技术产品（服务）具有 ××× 竞争优势。

温馨提示：一定要注意三份表格中核心技术内容的逻辑一致性，一定要注意高新技术产品（服务）情况表中关键技术、竞争优势、支持作用内容的逻辑一致性。

第 23 节　高新技术产品（服务）证明材料的构成

在高新技术企业认定中，我们需要根据各个模块的内容提供证明材料，以证明符合该条件。

高新技术产品（服务）的证明材料尤为重要。该证明材料关系到高新技术产品是否被评审专家认可。

每一项高新技术产品（服务）的证明材料都由以下三个部分组成。

一是产品（服务）自身材料：证明产品（服务）本身的存在。

二是关键技术证明材料：证明产品（服务）的关键技术的先进性、创新性。

三是经济效益证明材料：证明产品（服务）的经济效益。

以上三部分都需要提供资料，缺一不可。

具体如图 2-15 所示。

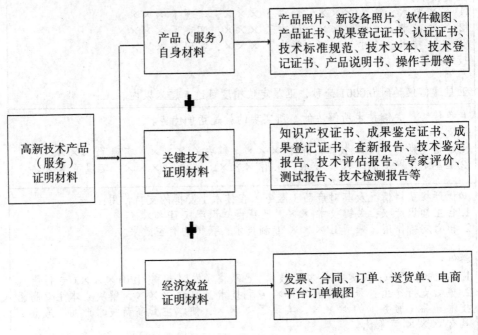

图 2-15　高新技术产品（服务）证明材料

第 24 节　科技成果转化证明材料的构成

科技成果转化能力指标在高新技术企业认定评审中占 30 分，所以证明材料非常重要，项目数与分值的关系如表 2-21 所示。

表 2-21

成果转化能力（≤30）	25～30分 ≥5项	19～24分 ≥4项	13～18分 ≥3项	7～1分 ≥2项	1～6分 ≥1项	0分 0项

每一项科技成果转化的证明材料都由以下三个部分材料组成。

一是科技成果自身材料：证明科技成果本身存在。

二是转化过程材料：证明科技成果进行了转化。

这是评审考核的重点。在有关高新技术企业认定工作指引的文件中提到了四种转化形式：试验、开发、应用、推广。科技成果转化能力指标评审重点看转化能力，因此转化过程的证明资料特别重要。

三是转化结果材料：证明科技成果转化后的结果。

以上三部分材料都需要提供资料，缺一不可。

具体如图 2-16 所示。

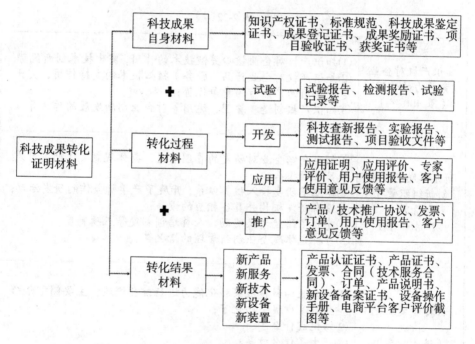

图 2-16 科技成果转化证明材料

温馨提示：科技成果转化三部分证明材料，每一个部分至少要提供一项材料。材料确实很少的可通过以下方式提供证明材料。

①产品的技术材料，包括技术说明、设计图纸、技术设计方案、试验检测报告等。

②样品、样机的照片必须要提供。

③应用单位出具产品、技术应用证明报告的材料，并签字盖章。

④应用单位出具产品、技术应用反馈报告、反馈建议等证明材料，并签字盖章。

⑤对应用单位展开应用调查、满意度调查等，提供客户应用调查报告或客户应用满意度调查表。

第25节　企业创新能力评价表、企业研发组织管理水平情况表填写示例

企业创新能力评价表如表2-22所示。

表2-22

知识产权对企业 竞争力的作用 （限400字）	①知识产权对企业核心关键技术的作用，突出技术创新优势； ②知识产权对企业产品（服务）核心技术的支持作用，突出专利应用的产品市场竞争优势； ③知识产权创造、管理、运用等对企业创新发展的作用等
研究开发与技术 创新组织管理 情况 （限400字）	①侧重介绍企业对研发的管理情况，要体现制定了研究开发项目立项报告； ②建立了研发投入核算体系，开展了产学研合作的研发活动； ③设有研发机构并具备相应的设施； ④建立了绩效考核奖励、人员培训制度等五项制度； ⑤可补充体现企业创新管理的情况等
科技成果转化 情况 （限400字）	①对企业的科技成果转化能力进行综合概述，主要侧重介绍企业有多少成果转化了； ②转化成什么了； ③产生了什么效益； ④在国内或者行业中达到什么水平等
管理与科技人员 情况 （限400字）	①人员总体情况，不同学历、职称人员数量，科技人员数量，占职工总数的比例，不同学历、职称人员数量和比例； ②管理团队情况，包括人员结构、教育背景、知识结构、管理水平、工作业绩等； ③研发团队情况，包括专业结构、能力、技术特长、专业技术水平、工作业绩等

企业研发组织管理水平情况表如表 2-23 所示。

表 2-23

本企业研究开发组织管理总体情况（限 1000 字）
填写提纲： ①简述企业基本情况； ②企业技术创新能力，包括研发经费及人员投入情况、研发机构建设情况、开展产学研合作情况、科技人才培养情况； ③企业技术创新活动情况，包括研发项目及新产品开发情况、成果转化情况； ④企业创新管理体制建设情况，包括建立健全研发组织管理体系，财务核算体系，自主品牌战略和知识产权战略，鼓励发明创造、绩效考核奖励体系，企业的技术标准体系，质量保证体系，品牌建设体系等。 举例 1： 　　公司于 20×× 年 × 月 × 日成立研发部。研发部组织体系健全，由研发部经理负责，下设 ××、××、×× 三个模块，运作管理规范，发展规划和目标明确，贯穿企业整体经营过程。 　　为充分发挥企业研发机构的职能作用，公司制定和不断完善研发机构的制度建设，形成了研发项目管理制度、研发准备金制度、研发投入核算制度等多项管理制度，明确了各项制度的功能。 　　研发项目管理制度规定了项目组织论证、审批立项、过程管理、结题验收管理及经费管理等流程，科学地指导研发人员进行科研项目的申报、验收等。 　　研发准备金制度规定了预先提取的专门用于技术研发和科技成果转化的储备资金，是公司研发机构研发经费保障制度，为科研活动开展提供必要的资源支持。 　　研发投入核算制度规定了公司科研项目经费的支出范围以及项目经费预算的编制原则、要求与标准，确保了项目资金的合理使用，充分发挥了财务核算、监督管理的职能作用，保障了公司研发经费专项资金的透明、公开、有效。 　　公司研发部配备了先进的研发设备和检测仪器，一直致力于打造 ×××，现已开发出 ××× 等十大系列几十个品种的产品。研发人员专业主要涉及工业设计、机械自动化、电子信息等领域，其中高级职称 1 人，中级职称 3 人，初级职称 5 人，在 ××× 制造方面有着丰富的经验，不断开发出适应市场需求的绿色环保产品，产品取得了良好的社会和经济效益，并具有较好的前景。 　　公司非常重视产学研结合的科技创新模式，以项目合作为纽带，加强与科研院校的联系及沟通，并与 ×× 大学联合开展 "×××" 项目，××× 的成功应用，实现了 ×××。与高校的沟通交流，增强了公司的技术创新能力。 　　为增强公司科研开发和技术创新能力，促进科技成果转化，充分激发广大科技人员的工作热情和积极性、创造性，使科技成果尽快应用到实际生产中，加速科技成果的产业化，根据国家和省市有关科技成果转化实施及奖励规定，结合公司实际情况，公司制定了《科技成果转化实施与激励奖励办法》，规范科技成果转化内容和转化形式，以及奖励原则和标准。 　　近三年来，公司围绕 ×××× 开展研发，截至 2019 年，累计开发项目 ×× 项，实现 ×× 项科技成果转化，申请了 ×× 项发明专利，获得了 ×× 项软件著作权登记证书。

为把握市场需求导向，加强创新资源共享与合作，促进前沿技术和创新成果及时转化，构建开放式创新体系，公司与高校及科研院所共建创新创业平台，推动各类要素资源聚集、开放和共享，同时通过互联网，让用户参与产品创新、改进的过程，提升产品品质与服务。

另外，《研发考核奖励办法》规范了公司研发机构吸引、利用、激励、培养、评价技术创新人才的各项工作，着力优化人才成长环境，积极建设创新平台。从而调动研发人员的积极性和创造性，并且公司每年都会依照考核制度对于表现出色的研发人员或者研发团队给予嘉奖，为他们的发展提供更广阔的空间，使其得以快速提升。

举例2：

公司于20××年××月成立技术研究中心，研究中心组织体系健全，运作管理规范，发展规划和目标明确，贯穿企业整体经营过程。

公司颁布了《技术研究中心管理章程》《研发立项管理制度》《研发投入核算财务管理制度》《研发准备金管理制度》《产学研合作管理制度》《人才引进管理办法》《研发考核奖励办法》《技术研究中心科技成果奖励办法》《技术研究中心人才培养管理制度》《职工技能培训制度》《知识产权管理办法》《职工创新创业平台建设方案》等多项管理制度，逐步建立了完整的企业研发管理体系，明确了各项制度的功能。

《研发立项管理制度》规定了项目调研、审批评估、立项、监督管理、结题验收等流程，科学地指导研发人员进行项目的申报、验收等。

《研发投入核算财务管理制度》《研发准备金管理制度》规定了科研经费来源、使用范围以及经费科目核算原则与标准，确保资金合理使用，发挥了财务核算、监督管理的职能作用，保障了公司研发经费的透明、公开、有效。

研发部拥有先进的研发设备，致力于打造成为×××行业领域的领导者，已开发出×××、×××等一系列产品和工艺技术，拥有研究开发人员×××人。研发团队近三年里已开展××项大型研发项目，所开发出的产品取得了良好的社会和经济效益，并具有广阔的市场前景。

公司重视产学研交流，加强与科研院校合作，多次参与高校的合作交流，增强了研发团队的技术创新能力。

公司制定了《技术研究中心科技成果奖励办法》《知识产权管理办法》等文件，增强了公司科研开发和技术创新能力，充分激发了科技人员工作的积极性、创造性，加速了科技成果产业化。公司近三年来共研发×××个项目和促进×××项科技成果转化，成果转化率达到100%，平均每年转化×××项以上，拥有×××项实用新型专利、××项软件著作权，×××项发明专利申请通过并进入实质审查阶段。

为加强创新资源共享与合作，公司筹划构建了开放式创新平台，推动各类要素资源聚集、开放和共享。

《研发考核奖励办法》等制度规范了公司激励、培养、评价技术创新人才的各项工作，着力优化人才成长环境，激发了员工进修学习、提高业务技术水平的积极性，为他们提供了更广阔的空间，使他们得以快速提升。

第26节　研发组织管理水平制度文件的采集整理

在高新技术企业评审中，研发组织管理水平占20分，所以特别重要，如表2-24所示。

表2-24

研发组织管理水平（≤20）	研发组织管理制度，研发投入核算体系，研发费用辅助账（≤6）
	内部研发机构及相应科研条件，产学研合作（≤6）
	科技成果转化组织实施与激励奖励制度，开放式创新创业平台（≤4）
	科技人员培养进修、职工技能培训、优秀人才引进、人才绩效评价奖励制度（≤4）

研发组织管理水平评审在评分标准中非常明确地指出了需要的制度文件，企业有针对性地准备即可。

这一个模块最重要的并不是所要求的制度文件，而在于制度文件的实施、执行情况，企业要提供真实有效的制度文件实施、执行证明材料。

研发组织管理水平评审的重点是，制度文件＋实施执行。

其具体包括研发、组织、管理三方面，如图2-17所示。

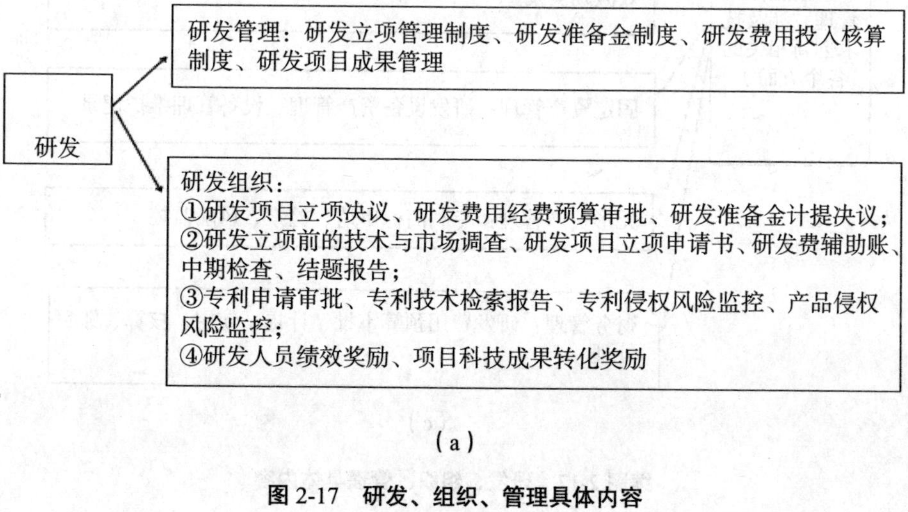

研发

研发管理：研发立项管理制度、研发准备金制度、研发费用投入核算制度、研发项目成果管理

研发组织：
①研发项目立项决议、研发费用经费预算审批、研发准备金计提决议；
②研发立项前的技术与市场调查、研发项目立项申请书、研发费辅助账、中期检查、结题报告；
③专利申请审批、专利技术检索报告、专利侵权风险监控、产品侵权风险监控；
④研发人员绩效奖励、项目科技成果转化奖励

（a）

图2-17　研发、组织、管理具体内容

组织结构：
技术部门、研发机构、工程技术研究中心、企业技术中心等研发机构的组织结构体系设置、组织分工、主要负责人分工

组织

组织管理：
技术部门成立文件、工程技术中心成立文件、机构负责人的任命、设备资产管理、产学研合作管理、研发费用管理

（b）

技术研发：内部研发机构、开放性的创新创业平台、认证的公共创新服务平台、研发全流程的管控、研发绩效的考核奖励、技术科技成果的奖励

人力资源：人才引进、员工培训、员工培养进修、员工绩效激励奖励

管理
（企业整体的管理，涉及技术创新相关的各个方面）

固定资产管理：研发设备资产管理、设备管理维护记录

无形资产管理：专利商标申请、检索、风险监控

财务管理：研发费用预算审批、计提、使用、核算、账目处理

（c）

续图 2-17　研发、组织、管理具体内容

研发组织管理水平所需要的制度文件，总列表如表 2-25 所示。

表 2-25

序号	制度文件名称
1	研发组织管理制度、研发项目立项管理制度、研发准备金制度、研发立项决议文件
2	研发投入核算体系制度、研发费用管理制度
3	研发准备金计提决议文件、研发费用预算决议、研发费用辅助账
4	研发部门成立文件（部门负责人任命相关内容、组织结构图）、研发机构建设证书、工程技术研究中心证书、企业技术中心证书 或相关公示证明材料
5	公司场地照片（至少一张照片含公司前台商标）
6	研发部门办公及场地照片（至少一张部门匾牌的照片）
7	研发设备清单、研发设备照片
8	固定资产管理制度（研发设备管理制度）、设备日常管理表格文件、ISO 质量管理体系认证证书
9	产学研管理制度、产学研合作制度
10	产学研技术开发合同、产学研费用转款凭证、技术成果证明材料、校企人才培训项目
11	科技成果转化组织实施与激励制度、科技成果奖励制度
12	科技成果转化奖励证明文件、奖金签收表、奖金发放银行凭证
13	知识产权管理制度（专利、软著、版权、商标的管理制度）、知识产权贯标体系证书
14	专利、软著、版权、商标的检索报告、申请审批表、风险监控记录台账
15	科技人员培养进修制度、进修学习管理制度
16	员工进修缴费凭证、学员证
17	职工技能培训制度、员工培训管理制度
18	员工培训通知、签到表、培训现场照片、培训总结、结业证书、外部培训相关文件
19	优秀人才引进制度
20	人才引进的相关证明文件、聘书、人才合同、人才引进聘书发放照片
21	人才绩效评价奖励制度（技术人员绩效考核制度）

序号	制度文件名称
22	绩效考核奖励通知文件、奖金签收表、奖金发放银行凭证、年会时优秀员工等荣誉证书、颁奖照片、发奖金照片
23	开放式创新创业平台（共建研发中心、共建研发机构、共建实验室、企业开放式项目孵化部门、协同创新平台文件、众创空间、企业服务平台、实习基地、教学基地、示范基地、外部专家聘书、外部专家技术指导文件）
24	制定行业标准、方法、规范

本模块中的内容根据公司实际情况，按照评分指标、工作情况表中所列的制度文件、执行文件全部提供即可。

研发组织管理水平评审的注意事项：

①管理制度文件要有统一的行文格式、版式；

②管理制度文件抬头要有公司商标、公司名称，要有公章；

③不同制度文件的具体内容要前后一致，不能有矛盾冲突（常见的是部门名称的冲突）；

④制度文件内容要符合公司的实际情况；

⑤产学研合作特别重要，这部分内容最高可以占到3分；

⑥重点考核的是相关管理制度的实施、执行情况。

第27节　附件材料整理命名技巧

第一，附件材料文档的命名很重要。

文档命名好的优势在于：

①评审专家可以一目了然地知道附件材料具体包括哪些内容；

②提高评审专家对材料的印象分；

③给文档添加数字序号也方便自己整理、上传材料，方便专家下载查阅；

④方便对资料查漏补缺；

⑤方便后续整理打印材料。

第二，各模块附件材料的具体命名方法是，文档前加序号和模块内容，然后把具体材料的名称一一列出。

示例如下：

RD01项目立项书－中期检查报告－验收报告

RD01 项目立项书－中期检查报告－查新报告－验收报告

IP01 专利证书－摘要－缴费凭证

IP02 软著证书－软件登记申请表

PS01 产品照片－产品认证证书－专利证书－科技奖证书－检测报告－查新报告－发票－合同

PS02 软件界面截图－软件著作权证书－软件登记证书－测试报告－发票－合同

2019 年财务审计报告

研发费用专项审计报告

高新技术产品收入专项审计报告

01 研发项目立项报告制度－研发投入核算管理制度－研发准备金制度－研发准备金计提协议－研发辅助账截图

02 研发部成立文件－工程中心证书－研发场地照片－设备清单－仪器设备管理制度－设备照片－产学研合作管理制度－技术开发合同－产学研费用凭证

03 科技成果转化实施管理办法－科技成果奖励文件－知识产权管理制度－知识产权奖励文件－创新创业平台文件－创新示范基地－实习教学基地

04 员工培养进修教育管理办法－进修考核制度－进修证明文件－员工培训管理办法－培训相关文件－人才引进、激励制度－人才引进聘书－技术人员绩效考核制度－绩效考核文件

第三，材料整理要求：每一个页面大小要保持一致，不一致的可以虚拟打印一遍，使其一致，每一个页面都要保证是正面，材料页面不能颠倒、横置，要保证评审专家在下载后不需要旋转页面，方便评审专家评阅。

第 28 节　附件材料太大无法上传的解决方法

附件材料文档要经过 PDF 编辑软件进行虚拟打印，使附件页面大小一致，保持附件文档的整洁，方便评审专家查阅。

有时候，附件太大，超过了系统上传文件的大小限制，这个时候就需要进行文件压缩。

在工作中，我们通常使用的 PDF 编辑工具是"Adobe Acrobat X Pro"，如图 2-18 所示。

首先，虚拟打印一遍，即直接单击"打印"按钮打印一遍，这通常会使文档变小。

其次，可以将文档压缩。操作步骤：单击右上角的"文件"→"另存为"→压缩大小的PDF。

如果虚拟打印及压缩大小后，文件依然很大，那么可以选择优化PDF文档，使其变小。操作步骤：单击右上角的"文件"→"另存为"→优化的PDF→将分辨率都降低。在分辨率调节界面降低数值后，单击确定保存即可。

注意：降低分辨率的前提是，一定要保证压缩分辨率后文档内容数据还能看得清楚。

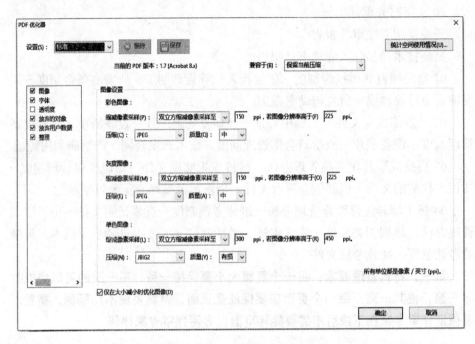

图 2-18　PDF 编辑工具示例

第 29 节　材料打印装订递交的要求及方法

一、材料打印排版的总原则

①按照省科学技术厅申报通知要求的材料顺序排版。

②按照市科学技术局、镇区主管部门明确发文的具体要求排版、打印。

二、材料打印具体注意事项

①材料编制要求，即附件材料排列顺序。

②书脊的具体要求。

③封面格式、内容。

④递交材料的数量。

⑤递交材料的时间、地点。

⑥递交材料时要带上的资料。

打印装订成册的材料在各个部分模块之间最好用不同颜色的纸张，打印目录装订进去，以直观明了地区分各模块材料，方便查看翻阅。

三、纸质申报材料签字盖章确认

①封面：法人代表签字、盖企业公章（企业名称处盖章，法人代表签字旁企业公章处盖章，封面共盖两处公章），申请日期填当天，外封面（硬皮封面）和内封面（白色软封面）同理。

②第×页：企业承诺书，企业法人签字，盖企业公章，日期填当天。

③第×页：企业注册登记表，盖公章。

④第×页：研究开发费用结构明细表，企业填报人签字，日期填当天，盖公章（事务所的注册会计师已签字盖章）。

⑤第×页：企业营业执照副本，盖公章。

⑥第×页：财务报表（资产负债表、利润表、现金流量表），盖公章。

⑦第×页：研究开发活动情况汇总表，盖公章。

⑧第×页：知识产权汇总表，盖公章。

⑨第×页：科技成果转化汇总表，盖公章。

⑩第×页：研究费用台账，盖公章。

⑪第×页：高新技术产品汇总表，盖公章。

⑫最后加盖一个骑缝章，要覆盖到全部页面，一个盖不完，可加盖多个。

注意：若公章可以借出，建议送材料时带上公章，以防漏盖章。

部分镇区主管部门会发布专门的文件，告知企业如何盖章、打印装订，根据要求准备材料即可。

各省份要求提交的材料稍有区别，具体盖章签字要求以当地科技主管部门要求为准，具体也可以咨询当地主管部门。

第三章　企业信息、材料清单、总目录、现场考察

第 30 节　企业注册信息表

企业注册信息表主要采集企业信息，用来注册各个系统，也方便后续填写统计报表。在项目开始阶段，该表主要用来收集材料。

企业注册信息表样表如表 3-1 所示。

表 3-1

企业注册信息表			
企业名称			
组织机构代码或统一社会信用代码		税务登记号或统一社会信用代码	
企业规模(注册资金)		A. 少于 2000 万元（含） B.2000 万元～5000 万元（含） C.5000 万元～1 亿元（含） D.1 亿元～2 亿元（含） E.2 亿元～4 亿元（含） F.4 亿元以上	
行政区域			
所属行业		注册资金（万元）	
通信地址		邮政编码	
注册类型		外资来源地	
注册时间			
联系人信息			
姓名		身份证号	
手机		座机	
邮箱		传真	

企业注册信息表

企业法人信息

姓名		身份证号	
手机		座机	
邮箱		传真	
企业所得税主管税务机关		（ ）A.国税 B.地税	
企业所得税征收方式		（ ）A.查账征收 B.核定征收	
企业是否上市		上市类型	
是否属于国家级高新区内企业		高新区名称	

股权结构

	姓名	身份证号	出资额（万元）
公民类型			

	企业股东名称	组织机构代码或统一社会信用代码	出资额（万元）
企业法人类型			
是否引入风险投资		投资金额	

企业经营范围（限 400 字）

企业简介（限 400 字）

第31节　高新技术企业认定须提供的材料清单

高新技术企业认定材料清单（以 2022 年申报为例）中的附件为企业必须提供的材料，具体如下。

一、企业资质证明材料

附件 1：统一社会信用代码证、银行开户许可证。

说明：该资料必须是企业最新的证件，如企业有工商变更则须提供工商局的变更文件。

二、人员情况材料

附件 2：人员情况说明，注册信息表（请参照模板填写），2019—2021 年企业花名册。

附件 3：2019—2021 年研发人员名单及大专学历人员汇总表（请参照模板填写）。

附件 4：法人身份证扫描件，研发人员学历证书、职称证书、技能证书。

附件 5：2021 年 1 月、3 月、6 月、9 月、12 月企业职工缴纳个税证明材料（地税系统截图，需有汇总数，个税截图操作方式见模板）或社保缴纳明细材料。

三、近三年财务审计报告

附件 6：2019 年财务审计报告。

附件 7：2020 年财务审计报告。

附件 8：2021 年财务审计报告。

附件 9：近三年企业所得税纳税申报表主表（须盖有税务主管单位的业务受理章）和所有 A 开头附表（附表上须盖企业公章）。

说明：①每个年度审计报告必须有报备号；②每个年度审计报告的财务数据必须与当年纳税申报表的数据保持一致；③每个年度审计报告中的资产负债表和利润表中的年初数和上年的年末数保持一致，如有差异还需提供说明。

四、高新专项审计报告

附件 10：2019、2020、2021 年研发费用审计报告及上年度高新技术产品收入审计报告。

附件 11：研发费用明细台账。

五、知识产权材料

附件 12：近三年内获得的自主知识产权汇总表。

附件 13：授权的知识产权证书、缴费凭证。

说明：提供企业所有已授权的知识产权证书，此部分在高新技术企业认定评分中占 30 分。

六、科研立项证明材料

附件 14：省级（含计划单列市）科技项目立项批文及合同。

附件 15：企业内部研发项目立项书、中期检查报告、结题验收报告。

说明：企业要尽量提供近三年内所有科研立项书，包括企业内部立项、政府立项、横向立项等，此部分是企业近三年的研究开发活动的证明，在高新技术企业认定申报材料中非常重要。

七、科技成果转化材料

附件 16：2019 年度、2020 年度、2021 年度产品开票（销售）明细表。

附件 17：企业目前所有产品、技术、工艺名称列表。

附件 18：科技成果转化证明资料（包括但不限于下列资料）：科技查新报告（有的都提供）；检测报告、测试报告（有的都提供）；每个产品样品、样机、结构、装置的照片，每个软件系统截图；销售合同、工程合同（近三年内不同产品销售合同，每个产品一份）；近三年每个产品提供一张样板销售发票；产品证书（如 3C 认证证书、CE 认证证书、软件产品证书、高新技术产品证书、新产品证书、产品获奖证书），软件操作手册等；用户使用报告、应用证明、应用评价；产品技术说明或产品说明书；技术标准、技术方案、技术工艺方案；科技成果鉴定证书、科技成果获奖证书、专利成果获奖证书；成果经济效益证明材料、成果社会效益证明材料。

说明：该部分材料在申报高新技术企业认定时占 30 分，企业在证明材料准备方面应尽量根据实际情况完整提供，这样有利于评审专家对成果的认定。

八、研究开发组织管理水平材料

附件19：科研项目立项管理制度。

附件20：研发投入核算管理制度。

附件21：开展产学研活动的证明材料（如产学研合作协议、技术开发合同、校企人才培训项目）。

附件22：研究开发机构及设施（非常重要），包括技术研发部门成立文件；工程技术研究中心认定证书、企业技术中心认定证书、研发机构认定证书、重点实验室认证证书、博士工作站等；研发实验、工程实验设备清单及每套/台设备照片；技术研发部门或实验室场地照片5～6张。

附件23：研发人员绩效考核制度、绩效考核证明文件。

附件24：科技成果转化组织实施与激励制度、科技成果奖励证明文件。

附件25：企业科学技术奖励制度、技术获奖证明文件等。

附件26：企业科技人员培养进修制度。

附件27：企业科技人员进修名单及证明文件（结业证书、获得的证书、缴费凭证等）。

附件28：企业职工技能培训制度。

附件29：职工技能培训通知文件、培训现场照片、培训签到表、其他培训相关文件资料等。

附件30：优秀人才引进措施及方案制度、优秀人才引进的证明材料。

附件31：开放式创新创业平台证明材料，如共建研发机构、共建工程中心、大学生就业基地/实习基地、校企联合研发基地、外聘教授证书、外聘教授技术创新指导服务等。

说明：此部分材料在高新技术企业认定评分中占20分，企业应尽量提供。

九、企业荣誉证书

说明：此部分材料主要包括高新技术企业证书（重新认定的企业提供）、省民营科技企业证书、软件企业证书、ISO9000、ISO14000、著名商标、驰名商标、龙头企业、优秀施工企业、示范单位、模范单位、工程奖项等企业相关资质证书。

第32节　高新技术企业认定完整材料总目录（以广东省为例）

第一部分 高新技术企业认定申请书 ·· 1

第二部分 企业资质证明材料 ·· 139

第三部分 人员情况说明 ·· 140

3.1 科技人员汇总表 ·· 140

3.2 2020 年 3 月社保缴纳明细 ·· 141

3.3 2020 年 6 月社保缴纳明细 ·· 143

3.4 2020 年 9 月社保缴纳明细 ·· 146

3.5 2020 年 12 月社保缴纳明细 ··· 147

3.6 科技人员学历证书、技能证书 ·· 148

第四部分 近三年财务审计报告 ·· 167

4.1 2020 年度纳税申报表（主表一和所有附表） ·································· 167

4.2 2019 年度纳税申报表（主表一和所有附表） ·································· 181

4.3 2018 年度纳税申报表（主表一和所有附表） ·································· 196

4.4 2020 年度财务审计报告 ·· 214

4.5 2019 年度财务审计报告 ·· 236

4.6 2018 年度财务审计报告 ·· 260

第五部分 近三年高新技术专项审计报告 ·· 283

5.1 2018—2020 年研发费用专项审计报告 ·· 283

5.2 高新技术产品收入专项审计报告 ·· 309

第六部分 研究开发活动证明材料 ·· 326

6 研发项目汇总表 ·· 326

6.1 子系统开发 ·· 327

6.2 电商系统开发 ·· 332

6.3 管理软件开发 ·· 337

6.4 手机 APP 系统开发 ·· 342

第七部分 知识产权材料 ·· 437

7.1 知识产权汇总表 ·· 437

7.2 授权的知识产权证书 ·· 438

第八部分 科技成果转化证明材料 ……………………………… 474

8.1 近三年科技成果转化汇总表 …………………………………… 474

8.2 科技成果转化证明材料 ………………………………………… 475

8.2.1 管理软件 ………………………………………………………… 475

8.2.2 盘点系统 ………………………………………………………… 482

8.2.3 手持作业系统 …………………………………………………… 495

第九部分 研发组织管理水平材料 ……………………………… 739

9.1 研发部研发工作管理制度 ……………………………………… 739

9.2 研发部研发资金管理办法 ……………………………………… 742

9.3 研发费辅助账截图 ……………………………………………… 745

9.4 研发部成立通知 ………………………………………………… 759

9.5 市研发机构证书、研发部照片、研发设备照片 …………… 760

9.6 仪器设备和设施管理制度 ……………………………………… 767

9.7 研发设备清单 …………………………………………………… 769

9.8 产学研合作管理制度 …………………………………………… 772

9.9 产学研技术开发合同 …………………………………………… 776

9.10 科技成果转化奖励制度 ………………………………………… 779

9.11 创新激励制度管理办法 ………………………………………… 784

9.12 成果奖金银行凭证、颁奖照片 ………………………………… 792

9.13 知识产权管理程序 ……………………………………………… 797

9.14 知识产权奖励、风险分析评估、知识产权评估报告 ……… 806

9.15 创新创业平台、外部专家技术指导项目合同 ……………… 810

9.16 研发部人才培养制度 …………………………………………… 812

9.17 技术培训签到表、培训现场照片 ……………………………… 816

9.18 引进、激励优秀人才管理办法，人才聘书 ………………… 824

9.19 研发部研发人员绩效考核奖励办法 …………………………… 827

9.20 绩效考核奖励银行凭证、奖金颁发证明文件 ……………… 832

第十部分 高新技术产品收入证明材料 ………………………… 836

10 高新技术产品汇总表 …………………………………………… 836

10.1 PS01 管理软件 ………………………………………………… 837

10.2 PS02 软件技术服务 …………………………………………… 850

10.3 PS03 软件技术服务 …………………………………………… 865

10.4 PS04 软件技术服务 …………………………………………… 878

第十一部分附件、证书···921

11.1 高新技术企业证书···921

11.2 企业研究开发机构证书···922

11.3 软件企业认定证书···923

11.4 民营科技企业认定证书···924

11.5 软件产品登记证书···925

第33节 现场考察注意事项及处理方法

一、现场考察的目的

①核查企业是否真实存在。

②核查企业是否有技术开发等活动，重点核查研发场地、研发仪器设备等。

③核查科技人员信息，学历真伪，在职是否满183天。

④财务数据的核对查验。

⑤核查企业的主营产品或者主营业务是否与申报书填写一致。

⑥查验软件著作权证书对应的软件系统是否真实存在，是否与企业主营业务相关。

⑦核查企业的营业执照原件、财务报告、专利证书、立项材料、制度材料等资料的原件。

现场考察的实质是，核查申报企业真不真实，符不符合高新技术企业认定的条件。

二、现场考察的注意事项

①关注考察信息。及时关注企业所在地区的高新技术企业现场考察的信息（信息来源包括但不限于：所在地区QQ群、邮件，所在地区科技网站通知、电话），了解现场考察的时间、现场考察的材料要求、现场考察的其他注意事项等。

②在收到现场考察的通知之后，在考察当天，企业应提前准备好会议室，准备好纸、笔、矿泉水、水果等。

③企业对于现场考察所需要的全部资料均要提前一天准备好，并查漏补缺，不要漏掉资料，特别是资料原件，要仔细核对准备。

④按照通知的现场考察时间，企业要提前安排相关接待人员——对材料最熟悉的人，至少有一位副总经理级别的人在场。

在场人员应包括总经理、人事经理、财务人员、技术人员、高新技术企业认定项目工作人员，以便在现场考察提问时，可以迅速作答。

⑤企业要积极配合考察人员的工作，对于考察人员提出的问题或需要核查的材料要及时配合完成，并认真记录考察人员提出的意见或建议。

⑥软件著作权证书对应的软件系统要提前在计算机上打开软件界面。

⑦科技人员对应的个税系统、社保系统，要提前登录打开，以便随时查看。

⑧在查看研发场地时，企业相关人员可以简要介绍一下目前正在开展哪一些技术产品的开发。

⑨企业若有荣誉墙、荣誉陈列室，可以带考察人员看看。

⑩考察人员可能会迟到或早到，接待人员要耐心等待。

⑪现场考察完成后，考察人员有时候会提出一些意见或建议，接待人员要记录。

⑫在现场考察中，企业对考察人员提出来的问题、需要补充完善的资料，要及时跟进处理。

三、被考察企业需准备的材料

①企业简介（含主营产品或服务介绍、技术领域等内容），部分地区要求此项。

②在政务平台上打印的申报书草稿（不含附件）。（注意：部分城市区镇会要求打印装订一整本包含附件的材料）

③营业执照原件，企业场地租赁合同、场地产权证。

④知识产权证明材料原件（证书或授权通知书原件及国家知识产权局的缴费凭证）。

⑤科技人员证明材料（花名册、个税证明、社保证明、学历证明、特殊情况需提供情况说明）。

⑥研发中心证明材料（经政府认定的研发中心需提供证书，若无证书则参观研发场所）。

⑦研发项目证明材料原件（经政府立项的项目需提供项目合同书，若无合同书则提供企业立项证明）。

⑧经有资质的中介机构鉴证的年度审计报告，企业研发费用专项审计报告、高新技术产品（服务）专项审计报告。

⑨创新组织管理水平材料原件。

⑩参与国家标准或行业标准制定的企业可提供相关证明材料。

⑪其他要求的材料。

具体要求，请关注当地主管部门通知。

第四章　网络初评审不通过原因分析及异议申诉要点、现场答辩注意事项

第34节　科技人员被否决原因分析及异议申诉要点

在评审环节中，高新技术企业认定的各个模块都有可能被否决，科技人员是常见的被一票否决的模块。

一、科技人员被否决的常见原因

①科技人员在职未满183天，即在3月、6月、9月、12月个税截图、社保明细中，科技人员跨度未超其中3个时间节点。

②从个税截图、社保缴纳明细中查询到，或在年度财务审计报告中计算出科技人员工资偏低，远低于技术人员行业平均水平，导致专家认可度低。

③科技人员名单中部分人员非技术岗位人员，还有销售、行政、外贸、生产等部门人员在名单中，且未在名单"岗位职责/项目分工"一栏仔细描述其在项目中的具体工作内容。

④只是单纯提交科技人员名单，未将大专及以上学历证书、技能证书、职称证书一起附带上，导致专家认可度低。

⑤科技人员附带的学历证书都是文科专业的证书，如英语、行政管理等专业的人员证书，导致专家不认可。

⑥在名单中的科技人员整体学历水平偏低，大多是高中、中专、初中等学历，企业研发创新能力遭遇质疑。

⑦企业整体人员过少，总数在10人以下，如只有3～5人，或无社保、个税证明文件。

⑧其他可能的原因。

二、科技人员异议申诉要点

第一，仔细核对科技人员名单，核查人员是否都在职满 183 天，是否都能够在社保、个税明细中体现出来。

如果体现不出人员已在职满 183 天，在申诉的时候，企业除说明员工在职具体多少天之外，还要补充科技人员入职劳动合同材料、员工上班打卡资料、工资单资料等证明材料，以证明科技人员在职时间满足 183 天的要求。

第二，如未提交学历证书、技能职称证书，企业应补充学历证书材料。学历证书找不到的，可登录"中国高等教育学生信息网（学信网）"查询学历信息，截图或下载学历证明报告，作为证明材料与申诉书一起上传系统。

第三，查看科技人员名单中是否列入了非技术人员，或者项目辅助人员是否过多。企业要说明项目辅助人员具体的工作内容，说明他们为项目的顺利开展做出了哪些不可替代的贡献。

除此之外，企业还要重新计算科技人员占比。如果去除该辅助人员后，科技人员占比依然没有问题，那么就陈述清楚，去除该辅助人员后占比是多少，说明依然满足科技人员占比要求。

第四，对于科技人员整体学历水平较低的企业，建议补充职称证书、技术技能证书、培训进修证书，陈述其工作经验成果、发明创造情况（如是某知识产权发明人）等内容，以证明科技人员的技术水平和能力。

第 35 节　研发费用被否决原因分析及异议申诉要点

一、研发费用被否决常见的三大部分原因

（一）财务部分

①未提供研发费用辅助账证明材料，有未证明或不能证明的研发费用，降低了专家认可度。

②研发费用辅助账不合理，在企业提供的材料中显示出科技人员工资普遍偏低，远低于行业平均水平。

③研发费用归集不规范，在企业提供的材料中显示出直接投入的"费用归集摘要"是生产成本或销售成本，而非研发费用—研发领料，即生产成本或销售成本被当作研发费用。

④在软件企业中，如果研发费用中占比最高的不是人工费用，而是直接投入的材料费用，就与行业实际情况不相符合。在一般情况下，软件企业项目投入最大的是人力成本。核算归集不合理降低专家认可度。

⑤在制造业企业中，如果研发费用中投入最大的是人力成本，直接投入费用少或无直接投入费用，就与行业实际情况不相符合。核算归集不合理降低专家认可度。

⑥在制造业企业中，如果研发费用投入很大，但固定资产的折旧摊销数很小甚至为0，就与实际情况不符。即便是购买的二手设备，折旧全年为0也不可能。

在这种情况下，一是企业有被认为贸易企业的风险，二是企业有被否定研发设备的风险。因为资产折旧为0，企业账面上无设备，无设备自然无法开展技术开发工作。

⑦在企业所得税年度纳税申报表中，期间费用明细表的研发费用为0。

⑧研发项目与研发费用金额不匹配，研发费用投入过大或过小。

（二）科技人员部分

①在企业提供的审计报告研发辅助账中，科技人员工资普遍偏低，远低于行业平均水平。

②科技人员名单中部分人员非技术岗位人员，有销售、行政、外贸等人员在名单中（在学历专业一栏可体现），且未在名单"岗位职责/项目分工"一栏中详细描述其在项目中的具体工作内容。专家不认可这部分人员，因而去除了这部分人员的人工费用数据，从而降低了研发费用总额。

（三）研发项目部分

①研发项目技术水平较低，无技术创新，不具备创新性、先进性，无研发的必要性，因此专家不认可，而导致研发项目被否定。

②研发项目主要技术、创新点内容太过简单、普通，没有将核心技术、真正创新点表达到位，导致专家误解。

③研发项目开发的是已有的、技术成熟的技术产品，如传统的人员管理系统、会员系统等，且没有在内容表述中表明技术创新性。

二、研发费用申诉要点

（一）财务部分

①补充研发费用辅助账，提供研发费用记账凭证，以证明企业已设立研发

专账或辅助账。

②从整体上对研发费用归集的前提、归集方式、归集标准原则、归集范围、归集结果进行说明。

③对费用数据明显不符合一般情况的研发项目，进行具体的费用归集分摊依据说明，增强研发费用的合理性。

④对作为软件企业为何原材料投入过大进行详细具体的项目情况介绍说明，陈述清楚其缘由。

⑤对作为制造业企业为何没有折旧数据，为何直接投入少进行详细的项目情况介绍，陈述清楚其缘由。

⑥在纳税申报表中未体现研发费用的问题，如果不主动说明，通常在严格要求的地区直接不予推荐，无初审资格。

（二）科技人员部分

①陈述清楚为什么科技人员工资远低于一般技术人员实际的工资水平，为什么远低于行业平均水平。

②陈述清楚为什么将非技术岗位人员列在名单中，具体而详细地说明非技术岗位人员在项目中的具体工作内容和重要作用，以证明该非技术岗位人员是项目中所不可或缺的。

（三）研发项目部分

①做一个表格，列上所有研发项目，同时将核心技术及创新点复述一遍，强调研发项目确实是技术创新项目。至少陈述各研发项目都有什么内容，解决了什么行业难题，带来了什么效果。

②对于看上去是已成熟的技术项目，要描述这个技术项目的核心技术及创新点，说明该项目与其他已成熟项目的不同之处。

第36节　高新技术产品（服务）收入被否决原因分析及异议申诉要点

一、高新技术产品（服务）收入被否决的常见原因

①高新技术产品（服务）技术领域不被认可。

②所列的部分高新技术产品（服务）关键技术水平较低，技术指标水平低，

不被认可是高技术产品（服务），从而降低了高技术产品（服务）的收入占比，导致该占比不符合要求。

③高新技术产品（服务）与知识产权的相关性不大，专家不认可其知识产权对该产品（服务）的支持作用，导致拥有知识产权的高技术产品（服务）收入占比过低。

④在高新技术产品（服务）情况表中，关键技术、竞争优势、知识产权支持作用的文字内容一致性存在问题。

⑤高新技术产品（服务）与研发项目的逻辑性可能存在问题。

⑥证明材料单一、不完整，缺乏关键技术相关证明材料，企业只提供了简单的发票、合同，专家认可度低。

二、高新技术产品（服务）收入申诉要点

①陈述高新技术产品（服务）属于国家重点支持高新技术领域，且陈述企业为何选择该技术领域，证明该产品（服务）符合技术领域要求。

②阐述高新收入归集的产品（服务）标准及范围，提供高新技术产品（服务）收入专项审计报告的归集依据，提供相关证明材料，如收入归集说明、收入归集明细、专项审计报告。

③将所有高技术产品（服务）列在表格中，陈述其关键技术、技术指标、与同行业同类产品（服务）相比的竞争优势等内容。将高技术产品（服务）的技术水平、创新点体现出来，并保持两者之间的逻辑一致性。

④陈述清楚高技术产品（服务）与知识产权的相关性，具体陈述知识产权在哪一方面与高技术产品（服务）相关，强调通过这个知识产权，为高技术产品（服务）带来了哪些技术、功能、特性、效果等方面的突破。

⑤补充高技术产品（服务）的证明材料，如检测报告、查新报告、技术工艺文件、专利文件、技术成果证书等可以体现关键技术的相关材料。

第37节　知识产权评分低原因分析及异议申诉要点

一、知识产权评分低的常见原因

①无Ⅰ类专利（如发明专利等）。

②知识产权数量少，不够5项以上。

③知识产权与企业主营产品（服务）技术的支持作用不大，关键技术的逻辑一致性不强，甚至与主营产品（服务）完全无关。

④知识产权技术先进性不够，专利技术较为普遍且成熟。

⑤知识产权是购买来的，非自主研发获得，且受让、受赠、并购获得时间短，专利应用价值成疑，且会被专家认为没有研发过程，不属于企业主要产品（服务）的核心技术。

⑥重要专利在企业法人个人名下，而评审专家又忽略了其有效性。

⑦重要专利由企业法人名下转到企业名下，导致自主研发变成了受让、受赠、并购等方式获得，降低了其分数。

⑧制造业企业的核心知识产权只有软件著作权，没有生产工艺、制造方法，没有新产品、新设备方面的发明专利或实用新型专利。

⑨研发生产实物产品的企业知识产权仅仅只有生产设备的知识产权，无产品相关的知识产权。

⑩知识产权均为申请认定当年授权的专利，有为报高新技术企业而特意申请知识产权的嫌疑，导致专家认可度低。

⑪知识产权数量少，数量刚刚够申报高新技术企业认定使用，同样有为报高新技术企业而特意申请知识产权的嫌疑，导致专家认可度低。

二、知识产权异议申诉要点

①按照知识产权各评分模块，分别陈述说明。每一模块在陈述内容结束后，一定要给出该模块的企业自评得分。在全部模块陈述完成后，一定要给出企业自评得分总分。

②在数量方面，如有未授权但已受理申请或实质审查的发明专利，建议在申诉书知识产权汇总表中补上该发明专利。如有已受理申请但未授权公开的实用新型专利也一并补充上来，提高潜在的知识产权数量。叙述完成后要重点说明，企业拥有专利自评得分。

③在当年授权问题方面，认定当年才授权的知识产权，一定要在陈述内容中与研发项目、上年度的高技术产品和成果转化加强技术逻辑一致性的联系。务必要说明该知识产权是企业某项项目研发的专利成果，是企业某项高技术产品本身，是高技术产品得以研发成功、上市销售的关键核心技术。加强当年授权专利与研发项目、成果转化、高技术产品的关键核心技术逻辑一致性，让专家可以看到这是一脉相承的关系。

④在知识产权与高技术产品相关性问题方面，陈述中务必要明确该知识产权具体与哪一个高新技术产品相关，明确体现两者关键技术内容的逻辑一致性。详细描述该知识产权哪一项技术是该高技术产品的关键技术，是如何相关的，是如何不可或缺的，应用了该技术实现了高技术产品的什么功能、特点、效果。叙述完成后要重点说明，知识产权对企业主要高新技术产品在技术上发挥的核心支持作用非常强，以及企业自评得分。

⑤在知识产权先进性方面，以表格形式，将所有知识产权及其技术内容进行陈述。将知识产权的关键技术、创新内容，所解决的技术问题、行业问题，所带来的技术效果、应用效果等全部陈述一遍，着重突出知识产权技术的作用和先进性。叙述完成后要重点说明，企业知识产权技术具有行业领先的技术优势，因此知识产权具有较强的先进性，以及企业自评得分。

⑥在知识产权获得方式方面，重要专利在企业法人名下的，要陈述清楚该专利是在企业法人名下，而非他人名下。该专利权和专利技术的使用均归属本企业，其效力与专利在企业名下效力一致。知识产权从企业法人名下转到企业名下的，要陈述清楚该专利是从企业法人名下转到企业名下，非外部购买。强调该知识产权是自主研发所得，并且可以说明具体是由哪一研发项目取得的专利成果。重点要说明，已授权的知识产权均是自主研发，哪项知识产权为企业法定代表人所发明的专利，专利权由其个人名下转移到企业名下，均为自主研发所获得的知识产权，以及企业自评得分。

⑦制造业企业（非智能制造企业）知识产权均为软件著作权的要进行以下说明。

首先，要说明为什么申请的是软件著作权，为什么要开发软件著作权相关的软件系统，其目的是什么。如为提高某条生产线的工业生产效率、工业信息化、制造智能化等。

其次，要说明软件著作权是企业实际研发的哪一项具体研发项目的成果，说明其带来的作用、效果是什么。

再次，要说明企业科技人员中是拥有软件开发领域的人才的，为开发该软件，企业专门招聘了软件开发领域的人才。

最后，要说明软件著作权与企业主营业务产品的技术具有相关性，对其有重要支持作用，应用该技术，使主营业务产品达到了什么效果等。

⑧研发生产实物产品的企业关键技术就在产品技术本身，但知识产权只有生产制造设备的知识产权，无产品技术相关知识产权，导致专利技术与产品关键技术领域出现偏差，无技术内容上的逻辑性。

企业技术领域的选择是从为企业带来主营业务产品技术竞争优势的关键技术入手的。所以，企业一定要陈述清楚，为什么只有生产设备的专利，是该行业的特点，是产品本身不容易申请专利，还是设备装置专利技术是产品的主要技术之一？同样要重点陈述其知识产权的先进性，以及知识产权与高技术产品在技术上的逻辑相关性、支持作用。

⑨企业有正在参与编制国家、行业、地方标准的，可以进行介绍，并附上证明材料。

企业内部的企业标准，企业检测方法，企业技术规范、工法、技法，也可以进行介绍说明，并附上证明材料。

第38节　科技成果转化能力指标评分低原因分析及异议申诉要点

一、科技成果转化能力指标评分低的常见原因

①科技成果技术水平低，不被认同是科技成果。

②证明材料单一，成果转化遭遇质疑。（如只有发票、合同，无成果本身材料，无转化过程材料，科技成果转化能力指标考核的是转化能力，所以转化过程材料是重点。）

③证明材料不足以体现是该成果的证明材料。（如成果只包含某个结构件、某项技术，只提供了工程项目合同、发票，没有按照成果转化材料三个组成部分的要求提供具体的证明材料。）

④与研发项目关联性不大的科技成果转化来源不被认可，其被剔除导致成果数量下降，评分降低。

⑤多个科技成果被认定为同一科技成果，被合并，导致成果数量减少。

⑥科技成果与企业实际经营生产内容不匹配，甚至相差太大，而导致不被认可。（如技术研发集中在产品结构却提供了制造产品原材料的成果。）

二、科技成果转化能力指标异议申诉要点

①编制科技成果汇总表，列明成果来源、关联的知识产权、关联的高新技术产品（服务），确保技术逻辑一致性。科技成果名称看上去无创新性的，在

原名称的基础上增加技术创新点进行润色，使其看上去科技含量更高。

②陈述说明企业近三年累计自主研发转化科技成果××项，年均转化××项，其中已申请专利的成果××项，获奖的成果××项……

③对科技成果转化的新产品、新设备、新技术以及样机或样品的技术水平、转化来源、转化结果进行说明，涵盖从立项到研发再到转化的连续性过程，证明科技成果转化的有效性。

④陈述所有科技成果均为企业自主研发，分别说明科技成果对应提供的一系列证明材料，充分证明企业已完成对科技成果进行的试验、开发、应用、推广等，并且取得了良好的社会效益、经济效益等。

⑤给出科技成果转化项目企业自评得分。

第39节　组织管理水平评分低原因分析及异议申诉要点

一、组织管理水平评分低的常见原因

①各项制度文件缺少实施、执行的相关证明材料，或不足以证明某项制度文件已经在实施执行。

②制度文件模板化，未修改成适合企业实际情况的文件。制度文件内容冲突，如同一部门在不同文件中有不同名称，导致评分低。

③制度文件行文不规范，无抬头，无企业商标，文件格式混乱，导致评分低。

④无产学研合作、创新创业平台的相关材料。

二、组织管理水平异议申诉要点

①按照技术创新组织管理水平的四个模块要求分别陈述内容。

②每个模块对应要求所提到的相关制度文件内容，一一说明企业制定了哪些制度，并已严格按照制度内容实施、执行，说明最终带来的效果。同时陈述企业所提供的证明材料具体有哪些。

③在每个模块陈述完成后，企业给出自评得分，最后给出技术创新组织管理水平自评总得分。所申诉模块均要在申诉书附件中提供相应的证明材料。

第40节　技术领域被否决原因分析及异议申诉要点

一、技术领域被否决的常见原因

①企业主营业务产品（服务）关键核心技术内容及体现企业核心竞争力的技术内容与所选择的技术领域差别太大。

②企业主营业务产品（服务）关键核心技术内容陈述不到位，没有体现出其技术水平，让人误以为其技术水平太低，是常规的，甚至落后的技术，不被认为属于《国家重点支持的高新技术领域》。

③高新技术产品（服务）技术领域、研发项目技术领域、科技成果转化三者之间选择的技术领域矛盾冲突太多，在技术逻辑性上不一致。

二、技术领域被否决异议申诉要点

①阐明企业所选择的主营技术领域、次营技术领域，并详细罗列出技术领域内容。

②围绕研发项目、知识产权、转化成果、高新技术产品，从关键核心技术上，一一说明其与所选择主营技术领域的相关性，陈述哪些核心技术与主营技术领域相关，为什么属于该细分领域等，一定要体现出技术内容逻辑的一致性，体现出技术内容与主营技术领域的一致性。

③强调企业所选择的主营高新技术领域没有问题，符合《国家重点支持的高新技术领域》要求。

注意：陈述的语气语调一定要自信、肯定、坚定。

第41节　异议说明撰写的基本要点及注意事项

第一，总体要求。

企业需要具体阐述申诉要点，包括但不限于指标实际评分情况、企业对该指标的自评情况、该指标的预期评分等，并提供相应的佐证材料。围绕初次评审结果的一票否决项或低分项，企业要有针对性地梳理清楚具体得分点、得分档次，并给出证明材料。

在一般情况下，不对所有评分模块进行异议申诉。企业认为得分合适的模块不进行异议申诉。（在总评分很低的情况下，企业可根据实际情况对所有评分模块进行申诉，将自评得分全部提高。）

第二，申诉材料前文部分可以适当增加一些关于企业情况的简要描述：对企业的科技创新情况进行简要说明，突出企业的创新性等，如曾经认定高新技术企业的材料，开展的官方科技计划项目，获得的科技奖项、专利奖项等，拥有的技术人员情况、研发场地情况、经营业绩情况等。

传统产业中的企业，如家具、纺织等，要注意说明其与传统制造的区别，突出创新性、创新点。

第三，编写材料要精练，找准得分点，与得分点无关的内容不要涉及。

第四，陈述的语气语调一定要自信、肯定、坚定。

第五，成长指标得分低的，要进行一定的客观理由陈述。（在一般情况下，财务分是客观公式计算得分，通常这一部分不做申诉，但企业若对计算出的分数有异议，增长率靠近上一级得分档次，即接近高分位评分是得低分的，可以申诉。）

第六，由于异议说明不能增加新的佐证材料，只能进行描述，因此，建议企业通过文字说明将要求加分的原因解释清楚，若有机会进行现场答辩的，可以将新的佐证材料带上，以便随时提供。

第42节　异议申诉说明书范文示例（全模块）

该异议申诉说明书范文为全模块内容，为方便大家理解，我们虚拟一家公司，假定"漫威英雄科技有限公司"进行了高新技术企业认定申请。

企业初审意见为以下内容，所有条件均被否决。

"本企业符合成立一年以上的条件，获得了符合条件的知识产权，核心技术不属于《国家重点支持的高新技术领域》规定的范围，不符合条件。科技人员占企业职工总数的比例（1.00%），不符合条件。近三年研究开发费用总额占同期销售收入总额比例（2.31%），不符合条件。近三年在中国境内研发费用总额占全部研发费用总额比例（100.00%），符合条件。近一年高新技术产品（服务）收入占同期总收入比例（50.19%），不符合条件。知识产权得分18.36分，技术创新组织管理水平得分11.86分，科技成果转化能力得分16.5分，成长指标得分2.26分，创新能力评价总分48.98分。该企业情况不符合高新技术企业认定条件。"

以下为异议申诉说明书的参考范文。

漫威英雄科技有限公司
关于第二批高新技术企业认定评审结果的
异议说明

尊敬的高新技术企业认定管理工作领导小组办公室,
尊敬的各位专家老师:

您好!

首先,由衷感谢高新技术企业管理工作领导小组给予我司异议说明的机会,同时感谢各位专家老师在评审过程中对我司申报材料进行的全面细致的评审。

我司漫威英雄科技有限公司成立于2008年,专业从事电影工业专用仪器设备、电影制片的研发生产。

经过11年的辛勤耕耘、不懈努力,我司已建立一套适宜企业发展、创新的现代化管理制度,具备高端电影工业体系仪器设备、电影制片研发生产试验的专业化服务能力。

我司建有一大中心、两大基地,包括电影工业装备研究中心、电影工业新材料新能源基地、试验测试基地,总占地面积3 000万平方米。我司拥有博士6人,硕士7人,本科32人,人员专业涵盖摄影、导演、声乐、服化道具、新材料、信息技术、机械装备研究等一系列技术领域,具备超一流的研发人员团队。

我司是领跑全行业的企业,其中在电影、游戏中仿生武器装备年产能超过900万套/台,服务全球超过3亿个家庭,出口全球200多个国家和地区,规模和实力领先。

漫威英雄科技有限公司目前为"超级英雄最多的企业"、"奥斯卡最佳视觉效果奖"提名企业,豆瓣"最值得期待年度影片"提名企业等,并荣获2018年"广东省名牌产品"殊荣。我司通过了ISO 9001体系认证、ISO 18001体系认证等一系列认证。

我司参加了2019年高新技术企业认定申报(第二批),经查询初评结果为不符合条件,专家评审意见显示如下:

"本企业符合成立一年以上的条件,获得了符合条件的知识产权,核心技术不属于《国家重点支持的高新技术领域》规定的范围,不符合条件。科技人员占企业职工总数的比例（1.00%），不符合条件。近三年研究开发费用总额占同期销售收入总额比例（2.31%），不符合条件。近三年在中国境内研发费用总额占全部研发费用总额比例（100.00%），符合条件。近一年高新技术产品（服务）收入占同期总收入比例（50.19%），不符合条件。知识产权得分18.36分，技术创新组织管理水平得分11.86分，科技成果转化能力得分16.5分，成长指标得分2.26分，创新能力评价总分48.98分。该企业情况不符合高新技术企业认定条件。"

我司认为，专家评价总体上是客观、公平、公正的，符合国家关于高新技术企业认定的相关规定。我司近年来按照高新技术企业政策的要求，在研发投入、研发产出、成果转化、人才培养等方面不断加大投入，并取得了较好的成效。按照《高新技术企业认定管理办法》及《高新技术企业认定管理工作指引》等文件，我司对评审意见中的"核心技术不属于《国家重点支持的高新技术领域》规定的范围，不符合条件。科技人员占企业职工总数的比例（1.00%），不符合条件。近三年研究开发费用总额占同期销售收入总额比例（2.31%），不符合条件""近一年高新技术产品（服务）收入占同期总收入比例（50.19%），不符合条件。知识产权得分18.36分，技术创新组织管理水平得分11.86分，科技成果转化能力得分16.5分，成长指标得分2.26分，创新能力评价总分48.98分"存有异议。

我司认为可能是在申报材料中的表述不尽明确，专家对我司技术领域选择、科技人员、研发费用投入、高新技术产品收入、知识产权、技术创新组织管理水平、科技成果转化等详细情况还没有完全了解清楚，导致评审出现偏差，评分偏低，现我司对技术领域、科技人员、近三年研发费用占比、高新技术产品（服务）收入、知识产权、技术创新组织管理水平、科技成果转化能力、财务成长指标八项内容做以下解释说明，并提出异议申诉。

一、技术领域

我司在高新技术企业认定中选择的技术领域为，高技术服务—文化创意产业支撑技术—创作、设计与制作技术。其中包括舞台美术、灯光、音响、道具、乐器、声学产品等新技术及集成化舞台设计技术；数字电视、数字电影、数字声音、数字动漫、数字表演、数字体验等制作技术；虚拟现实、增强现实、三维重构等内容制作技术；文化体感支撑技术；网络视听新媒体及衍生产品开发支撑技术；艺术品鉴证技术；网络游戏引擎开发技术；网络游戏人工智能（AI）

开发技术；其他支撑体现交互式、虚拟化、数字化、网络化特征的文艺创作、文化创意设计和产品制作技术。

我司近三年研发项目、科技成果、知识产权（表1）：

表1

序号	研发项目	科技成果	知识产权
1	一种钢铁侠机器人战斗装甲的研发	一种钢铁侠机器人战斗装甲	一种钢铁侠机器人战斗装甲
2	一种使人有效变异的蜘蛛侠蜘蛛的研发	一种使人有效变异的蜘蛛侠蜘蛛	一种使人有效变异的蜘蛛侠蜘蛛
3	一种可以承载六颗无限宝石能量的超级手套的研发	一种可以承载六颗无限宝石能量的超级手套	一种可以承载六颗无限宝石能量的超级手套
4	一种高能量的暴风战斧的研发	一种高能量的暴风战斧	一种高能量的暴风战斧
5	一种空间宝石的研发	一种空间宝石	一种空间宝石
6	Friday 量子智能 AI 控制系统的研发	Friday 量子智能 AI 控制系统	Friday 量子智能 AI 控制系统
7	一种时空定位 GPS 装置的研发	一种时空定位 GPS 装置	一种时空定位 GPS 装置
8	一种基于量子技术的时空劫持装备的研发	一种基于量子技术的时空劫持装备	一种基于量子技术的时空劫持装备

我司高新技术产品序号 PS01，上年度主要销售产品名称"复仇者联盟4：终局之战"。由我司研发项目、科技成果转化产品可知，我司所有产品研发均属于数字影视道具、舞台装备、文化创意设计和产品制作技术的研发生产制作。科技成果产品获得了三项发明专利、四项实用新型专利、一项软件著作权，技术先进，属于《国家重点支持的高新技术领域》中"高技术服务—文化创意产业支撑技术—创作、设计与制作技术"。

因此，我司所选择的高新技术领域没有问题，符合《国家重点支持的高新技术领域》要求。

二、科技人员

我司一直大力引进和培养高级人才，鼓励人才创新，也留住了人才。我司总人数45人，目前拥有专职研发人员16人，其中博士3人，硕士2人，本科2人，科技人员占我司总人数的比例为35.56%。

具体人员名单如下（表 2）：

表 2

		科技人员名单		
序号	姓名	学历	专业	岗位
1	钢铁侠	博士	机器人制造	机器人实验室总监
2	蜘蛛侠	高中	时装设计	产品实验测试
3	小辣椒	本科	行政管理	机器人实验室总监助理
4	美国队长	小学	领袖学	盾牌技术开发测试
5	冬兵巴基	小学	机械维修	机械手技术开发测试
6	绿巨人浩克	博士	神秘物理学	伽马射线实验室主任
7	雷神托尔	小学	外挂学	雷电控制技术开发
8	鹰眼	硕士	弓箭射击专业	射箭武器技术开发
9	黑寡妇	硕士	谍报专业	格斗 AI 实验室实验员
10	黑豹	本科	战斗国王学	振金产品技术开发
11	洛基	幼儿园大班	诡计学	产品试验测试
12	奇异博士	博士	魔法学	魔法实验室主任
13	绯红女巫	初中	魔法学	魔法实验室技术开发
14	蚁人	中专	蚂蚁操控学	量子产品变化测试
15	灭霸	高中	宇宙生命哲学	毁灭宇宙试验室总监
16	星云	高中	解脱心理学	技术测试

　　我司研发人员证明材料提供了个税截图、社保明细。所有研发人员均满足在职 183 天的要求。所有研发人员均提供了学历证书、职称证书、技能证书和进修培训证书等材料，以证明技术人员具备足够的技术创新能力。

　　其中灭霸、星云、洛基因个人在老家购买了新农合医保，因此三人坚决只要现金补贴不要社保，所以未购买社保。关于三人的在职证明，我司已提供三人劳务合同、近一年的上班打卡证明、工资签收证明。

　　时装设计专业蜘蛛侠、行政管理专业小辣椒，两人工作岗位分别为产品实验测试、机器人实验室总监助理。两人虽非理工科专业，但两人在我司项目研发实验的过程中起到了非常重要的作用。蜘蛛侠参与了所有与项目相关的电影舞台时装设计、产品外观设计工作。在这个"颜值就是金钱"的时代，蜘蛛侠对于电影项目产品在服化道具的最后成型、上市、创造收益方面起到了不可替代的作用。小辣椒参与了所有项目的管理工作，属于科技创新管理人员，对于研发人员的人事调度、研发工作的协调、研发资料的整理、研发项目的监督跟进均起到了重要的作用，为项目的顺利开展、研发成功做出了贡献。

因此，灭霸、星云、洛基、蜘蛛侠、小辣椒均为有效的科技人员，均为我司研发项目的开展做出了突出的贡献。

所以，我司研发人员占公司总人数的比例为35.56%，符合高新技术企业认定条件。

另外，除去灭霸、星云、洛基、蜘蛛侠、小辣椒5人，我司专职研发人员还有11人，占公司总人数45人的24.44%，依然符合高新技术企业认定条件。

三、近三年研发费用占比

按照《高新技术企业认定管理工作指引》要求，我司经具备高新审计资质的中介机构（广州DC英雄会计师事务所）严格按照高新技术企业认定研发费用归集原则归集审计：近三年，我司累计投入研发费用168万元，三年累计销售收入为298万元，占销售收入总额的56.38%，其中人工费用65.25万元，由我司参与研发的科技人员的工资奖金与社保构成，直接投入98.12万元，由我司每个月研发领用材料支出构成，折旧费用与长期摊销费用2.18万元，由我司研发活动所用到的设备的折旧费用与摊销费用构成，其他费用2.45万元，为我司购置的用于研发的办公用品的费用。

我司研发费用中各个科目类别组成的分摊比例合理，人工费用占研发费用的38.84%，直接投入占研发费用的58.40%，折旧费用与长期摊销费用占研发费用的1.3%，其他费用占研发费用的1.46%，所有费用均在中国境内产生。

综上所述，我司近三年研发费用总额占同期销售收入总额比例为56.38%，近三年在中国境内研发费用总额占全部研发费用总额比例100%，符合高新技术企业认定条件。

我司财务账目规范，在日常的研发工作中建立了研发费用专账，所有研发费用的投入明细均有记账凭证。现补充提供研发费用专账、记账凭证等证明材料。

我司研发项目所开发的技术产品获得了三项发明专利、四项实用新型专利、一项软件著作权，技术水平高。我司所有项目均属于技术创新项目，因此研发项目费用投入均属于研发费用投入。

我司研发项目参与人员均属于专职研发人员，均具备技术创新能力，已提供了相应的证明材料。在剔除灭霸、星云、洛基、蜘蛛侠、小辣椒5人人工费用投入20万元后，我司研发费用投入总额为148万元，占公司总收入298万元的49.66%，依然符合高新技术企业认定条件。

四、高新技术产品（服务）收入

我司2018年高新技术产品一项，为"PS01复仇者联盟4: 终局之战"，属于《国家重点支持的高新技术领域》中"高技术服务—文化创意产业支撑技术—创作、设计与制作技术"。

该产品2018年收入为188万元，具有商标注册证，其应用的产品均获得了第三方检测认证机构的测试报告、认证报告。

该产品关键核心主要来源于：一种钢铁侠机器人战斗装甲的研发、一种可以承载六颗无限宝石能量的超级手套的研发、一种基于量子技术的时空劫持装备的研发。

通过我司科研人员的自主研发，研发出一种钢铁侠机器人战斗装甲、可以承载六颗无限宝石能量的超级手套、基于量子技术的时空劫持装备、一种时空定位GPS装置等产品，多应用在影视制作领域，能够有效提高影视视觉效果，保护影视人员的人身安全，属于精密、复杂、长寿命、高尖端影视创意产品制造技术。同时，本高新技术产品获得了三项发明专利、四项实用新型专利、一项软件著作权。

上述发明专利等知识产权的获得，本高新技术产品可以有效进行研发，对其中核心技术的突破、数据校验、影视特效、剧情开展、生产过程控制、产品成型等一系列工作起到核心技术支持作用。

综上所述，该项高新技术产品2018年有销售，且来源于我司自主研发项目，具有商标注册证、测试报告、产品证书、知识产权证书，知识产权支持作用大，该项高新技术产品销售收入总额为188万元，占2018年总收入的88.18%，符合高新技术企业认定条件。

五、知识产权

知识产权评价指标（表3）：

表3

评价指标 \ 档次得分		A 档	B 档	C 档	D 档	E 档
知识产权（30分）	数量	7～8分 Ⅰ类1项及以上	5～6分 Ⅱ类5项及以上	3～4分 Ⅱ类3～4项	1～2分 Ⅱ类1～2项	0分（0项）
	获得方式	（自主研发）≤6分		（受让/受赠/并购等）≤3分		
	对主要高技术产品在技术上发挥的核心支持作用	7～8分（强）	5～6分（较强）	3～4分（一般）	1～2分（较弱）	0分（无）
	技术的先进程度	7～8分（高）	5～6分（较高）	3～4分（一般）	1～2分（较低）	0分（无）

我司知识产权汇总表（表4）：

表4

序号	名称	类别	专利号	授权日期	获得方式	来源
1	一种钢铁侠机器人战斗装甲	实用	ZL201702××××	2018-08-08	自主研发	RD01
2	一种使人有效变异的蜘蛛侠蜘蛛	实用	ZL201702××××	2018-08-08	自主研发	RD02
3	一种可以承载六颗无限宝石能量的超级手套	实用	ZL201702××××	2018-08-08	自主研发	RD03
4	一种高能量的暴风战斧	实用	ZL201702××××	2018-08-08	自主研发	RD04
5	一种空间宝石	发明	ZL201601××××	2018-08-08	自主研发	RD05
6	Friday 量子智能 AI 控制系统	软著	2018SR××××	2018-08-08	自主研发	RD06
7	一种时空定位 GPS 装置	发明	ZL201601×××××	2018-08-08	自主研发	RD07
8	一种基于量子技术的时空劫持装备	发明	ZL201601××××	2018-08-08	自主研发	RD08

（一）知识产权数量

我司自主研发获得八项知识产权，其中三项发明专利，四项实用新型专利，一项软件著作权。（其中一项个人名下发明专利，为企业法定代表人钢铁侠所发明的专利，企业自评得分7～8分）

（二）知识产权获得方式：

已授权的八项知识产权，均为企业自主研发获得。（其中一项为企业法定代表人钢铁侠所发明的专利，企业自评得分4～6分）

（三）对主要高新技术产品的核心支持作用

由知识产权汇总表中知识产权名称可以看到，我司专利技术是主营业务产品"PS01 复仇者联盟4：终局之战"电影研发、生产、上市所必需的电影工业产品专用仪器设备。专利技术与高新技术产品关键技术在逻辑上具有一致性。

所有专利技术都为"PS01 复仇者联盟4：终局之战"的成功研发、生产、上市提供了不可替代的支持作用，特别是对"PS01 复仇者联盟4：终局之战"在剧情开展、视觉效果、观影体验等方面技术作用明显。因此我司知识产权对主营业务产品具有重要的核心支持作用。

由上述内容可知，我司知识产权对主要高新技术产品在技术上发挥的核心支持作用非常强，自评得分7～8分。

（四）知识产权先进性

知识产权的技术先进性（表5）：

表5

序号	知识产权名称	技术先进性说明
1	一种钢铁侠机器人战斗装甲	该战斗装甲采用超先进纳米材料，战斗装甲相关的能源设备、武器设备、防护设备均采用纳米材料，所有设备可以自由变形，随心而动，可以有效抵抗导弹的攻击，防御力强，可以自由飞行，且速度可达3马赫……
2	一种使人有效变异的蜘蛛侠蜘蛛	……
3	一种可以承载六颗无限宝石能量的超级手套	……
4	一种高能量的暴风战斧	……
5	一种空间宝石	……
6	Friday 量子智能 AI 控制系统	……

序号	知识产权名称	技术先进性说明
7	一种时空定位 GPS 装置	……
8	一种基于量子技术的时空劫持装备的研发	……

　　通过上述知识产权专利技术，我司不但形成了一整套的超级英雄的影视制作产品，更建立起了基于互联网、云计算、大数据技术、影视道具制作等先进技术的影视咨询体系，打破了制片厂、道具厂、演艺公司之间的壁垒，为社会带来了巨大的社会效益。

　　我司知识产权具有行业领先的技术优势。因此我司认为上述八项知识产权在先进性程度上非常高，自评得分 7 ～ 8 分。

　　综上，知识产权得分应在 25 ～ 30 分。

　　经认真研究后，我司认为在知识产权一项中，我司应得分 30 分。

六、技术创新组织管理水平

　　（一）我司技术创新研发组织管理水平及实施证明情况

　　为充分发挥我司研发部的职能作用，我司完善了研发机构的制度建设，制定了《研发项目立项报告制度》《研发投入核算管理制度》《研发准备金管理制度》《产学研合作管理制度》《科技成果转化实施管理办法》《知识产权管理程序》《建立创新创业平台的通知》《员工培训管理办法》《员工培养进修及继续教育管理办法》《关于引进、激励优秀人才管理办法》《技术人员绩效考核及奖励制度》等多项管理制度，各项制度的制定和实施，提高了我司的管理水平，使我司各程序运行规范性更强，效率更高。

　　相关实施证明文件均作为附件材料上传于高新技术企业申报系统中作为佐证材料。

　　（二）技术创新研发组织管理水平评价说明

　　研发组织管理水平的相关指标及企业自评情况（表 6）：

表6

《高新技术企业认定管理工作指引》中对研发组织管理水平的评价指标		企业自评情况
研发组织管理水平（≤20）	制定了企业研究开发的组织管理制度，建立了研发投入核算体系，编制了研发费用辅助账 ≤6	我司制定了《研发项目立项报告制度》《研发投入核算管理制度》《研发准备金管理制度》，严格按照相关制度，计提研发准备金，建立了专账，并编制了研发费用辅助账，实行专款专用，严格按照高新技术企业要求实施项目开发、资金管理等程序，建立了良好的研发费用财务核算管理体系，有效保障了研发项目的资金投入使用，我司每年投入不低于销售收入10%的资金作为研发费用，立项决议、准备金计提决议等相关实施证明文件作为附件材料均已上传系统，根据评价指标，该项我司自评得分6分
	设立了内部科学技术研究开发机构并具备相应的科研条件，与国内外研究开发机构开展多种形式的产学研合作 ≤6	我司在运营之初便设置了"技术中心"以开展技术创新活动，并配有专门的研发和实验场地以及配备了相应的专业设施，为开展项目研发和检测提供了良好的条件，这两年来不断加大投入，开展自主研发、技术研发设备的购置引进，同时从制度层面提升研发部门的管理水平和发展后劲，我司非常重视产学研结合的科技创新模式，通过与科研院所、高校搭建桥梁，以及参与创新创业论坛、会议，参与技术成果交易对接论坛、会议等，目前已与多所科研院所、高校进行了有益的技术交流和接洽，与DC英雄科技大学开展了技术开发合作、创新人才培训等项目，产学研技术开发协议等相关实施佐证材料作为附件均已上传系统，根据评价指标，该项我司自评得分6分
	建立了科技成果转化的组织实施与激励奖励制度，建立了开放式的创新创业平台 ≤4	我司制定了《科技成果转化实施管理办法》，规范了科技成果转化的组织形式、收益分配、政策措施等内容，《知识产权管理程序》明确了知识产权工作的目的、职责、权属、获取、维护、实施、运用、保护、评估、风险监控、工作考核奖励，极大地激发了技术人员发明创造的热情，发布了《建立创新创业平台的通知》，并在公司内部建立起了创新平台、创业平台，通过聚集、开放和共享各类创新资源、鼓励技术人员内部创业，激发技术人员实施创新活动的热情，知识产权申请审批表、知识产权检索报告、专利奖励文件、奖金发放照片、创新创业相关材料等作为附件均已上传系统，根据评价指标，该项我司可获得4分

《高新技术企业认定管理工作指引》中对研发组织管理水平的评价指标			企业自评情况
研发组织管理水平（≤20）	建立了科技人员培养进修、职工技能培训、优秀人才引进，以及人才绩效评价奖励制度	≤4	为进一步落实我司人才发展战略，我司制定了《员工培训管理办法》《员工培养进修及继续教育管理办法》《关于引进、激励优秀人才管理办法》《技术人员绩效考核及奖励制度》等育才、留才制度，定期组织系统的培训进修，提升研发人员的创新能力，保障高质量、高效率地完成研发任务，对于在技术创新、专利成果取得方面有成绩的研发人员，我司给予了奖励，并引进了奇异博士等高端人才，一系列制度的实施取得了良好的成效，为我司长远发展打下了人才基础，相关实施佐证材料作为附件均已上传系统，根据评价指标，该项我司自评得分4分
自评合计分值			20分

七、科技成果转化能力

科技成果转化情况（表7）：

表7

序号	科技成果	转化时间	成果来源	关联高技术产品	证明材料
1	一种钢铁侠机器人战斗装甲	2017-05-18	RD01	PS01	产品照片—发票—合同—检测报告—产品说明书—专利证书—成果登记证书
2	一种使人有效变异的蜘蛛侠蜘蛛	2017-04-18	RD02	PS01	产品照片—发票—合同—检测报告—产品说明书—专利证书—成果登记证书
3	一种可以承载六颗无限宝石能量的超级手套	2017-07-18	RD03	PS01	产品照片—发票—合同—检测报告—产品说明书—专利证书—成果登记证书
4	一种高能量的暴风战斧	2017-08-18	RD04	PS01	产品照片—发票—合同—检测报告—产品说明书—专利证书—成果登记证书—查新报告

序号	科技成果	转化时间	成果来源	关联高技术产品	证明材料
5	一种空间宝石	2018-02-18	RD05	PS01	产品照片—发票—合同—检测报告—产品说明书—专利证书—成果登记证书—查新报告
6	Friday 量子智能 AI 控制系统	2018-04-18	RD06	PS01	软件截图—软件产品登记证书—发票—合同—检测报告—软件操作手册—软件著作权证书
7	一种时空定位 GPS 装置	2018-06-08	RD07	PS01	产品照片—发票—合同—检测报告—产品说明书—专利证书—成果登记证书—查新报告
8	一种基于量子技术的时空劫持装备	2018-09-18	RD08	PS01	产品照片—发票—合同—检测报告—产品说明书—专利证书—成果登记证书—获奖证书
…	…	…			
…	…	…			

在上传系统提供的申请材料中，我司提供了科技成果转化产品二十项，年均转化六项以上。转化的成果均为企业自主研发转化的科技成果产品，且科技成果技术获得了八项知识产权，其中三项发明专利，四项实用新型专利，一项软件著作权。科技成果的技术独立性、创新性和成果转化有效性强，且所有科技成果产品对应提供了相关的产品照片、知识产权证书、成果登记证书、发票、合同、检测报告、应用评价、查新报告等证明材料。

这充分证明了我司已完成对科技成果进行的实验、开发、应用、推广等，并且具有良好的社会效应，为我司带来了非常高的经济效益。

《高新技术企业认定管理工作指引》中对科技成果转化提出定性与定量结合的评价指标，年转化平均数量大于或等于五项则认定为转化能力强，评分在 25～30 分，故我司科技成果转化能力自评得分 30 分。

八、财务成长指标

成长性计算公式和得分档次（表 8）：

表8

项目＼增长率	≥35%	≥25%	≥15%	≥5%	≥0	＜0
净资产增长率（≤10）	9～10分	7～8分	5～6分	3～4分	1～2分	0分
销售收入增长率（≤10）						

我司近三年财务数据和增长率情况（表9）：

表9

单位：万元

年份	销售收入	净资产
2016 年	152	35
2017 年	168	36
2018 年	198	37
增长率	14.19%	2.82%

由表9可知，我司销售收入增长率14.19%，接近15%的评分区间，远远大于5%。按照该增长率区间，每增长1%得0.1分计算，我司销售收入增长率自评得分3.92分。

我司净资产增长率2.82%，远大于0，因此自评得分1.13分。

我司财务成长指标自评总得分5.05分。

综上所述，我司技术领域符合高新技术企业认定条件要求，科技人员占企业职工总数的比例为35.56%，近三年在中国境内研发费用总额占全部研发费用总额比例100%，符合高新技术企业认定条件，高新技术产品销售收入总额为188万元，占2018年总收入的88.18%，符合高新技术企业认定条件。

我司知识产权自评得分30分，科技成果转化自评得分30分，技术创新组织管理水平自评得分20分，财务成长指标自评得分5.05分，我司自评总得分85.05分。

根据《高新技术企业认定管理办法工作指引》，综合得分达到70分以上（不含70分）为符合认定要求。因此，我司符合高新技术企业认定要求。

望评审专家依据《高新技术企业认定管理工作指引》对我司申请材料进行重新评审。

漫威英雄科技有限公司

2019 年 11 月 08 日

附件：

1. 科技人员名单、劳务合同、上班打卡材料、工资签收单、学历证书、技能职称证书、社保和个税材料。

2. 研发费用专项审计报告、研发费用辅助账、研发费用投入记账凭证。

3. 高新技术产品收入专项审计报告、高新技术产品收入证明材料。

4. 知识产权汇总表及证书。

5. 研发组织管理制度、产学研协议，以及其他相关证明材料。

6. 成果转化证明材料。

7. 企业产品获奖证书。

第43节　现场答辩的注意事项及要点

一、答辩类型

①复核答辩：抽查部分初审通过的企业。

抽查专家评审时有提出不同意见和疑问、几个专家评分差别较大、产品（服务）属传统领域（如五金、家具等）、企业规模／收入规模较小的企业。

②异议申诉答辩。

网络初审中因一票否决项未通过（如人员、研发费用、高新技术产品收入等），但提交申诉材料后又评审通过的企业。

二、答辩过程

答辩时间 10 ～ 15 分钟，答辩内容分为三部分。

①企业简要自我介绍。

在答辩开始时，企业简明扼要地介绍技术创新情况、人才引进情况、企业市场情况等，可以有效突出企业优势的企业发展情况。（尽量控制在 1 分钟时间）

②专家提问。

专家根据网络初审内容、高新技术企业认定材料、答辩材料，对高新技术企业认定条件相关内容进行提问，以进一步了解企业是否满足条件要求。提问内容围绕科技人员占比、研发费用占比、高新技术产品收入、知识产权、成果转化、组织管理水平等高新技术企业认定相关指标。

105

③企业陈述答疑。

企业对专家提出的问题进行有针对性的陈述说明，并将证明材料提供给专家查阅。

三、答辩要点

①快速组建答辩团队。

团队成员主要应由参与高新技术企业认定申请工作的相关人员组成，包括企业主要负责人、技术人员、财务人员、市场人员等。同时确定一名成员作为主答辩人，其他成员密切配合陈述，不该自己说的绝不多说。主答辩人说错的地方，相关团队成员要及时补充或修正。

②完善准备答辩材料。

根据答辩要求认真准备好答辩材料和备查材料，特别是与一票否决项相关的材料。

一是科技人员证明材料。要准备好社保明细材料、个税明细截图、学历证书、技能职称证书、劳务合同、考勤打卡、工资单等材料。

二是研发费投入证明材料。研发费用投入的记账凭证、研发费用专账/辅助账、专项审计报告、加计扣除相关材料。

三是高新技术产品收入证明材料。产品/软件实物展示（可以带去现场或以视频、直播连线的方式展示）、产品手册/说明书材料、发票、合同、技术方案说明、获奖证书、专利证书等。

③答辩模拟演练。

对专家可能提出质疑的问题进行汇总，提前准备好回答的内容，并进行多次内部模拟答辩演练，以确保在正式答辩时能应对自如。

④答辩现场。

由主答辩人负责回答专家提问。主答辩人提示其他成员进行补充回答时，其他成员再补充回答，否则其他成员只需配合展示主答辩人提到的证明材料给专家核对即可。

专家提问涉及企业某些确实存在的弱点项时，主答辩人要镇定自信，灵活应对。

四、答辩注意事项

①务必确认好答辩时间、地点，提前准备好答辩所需的材料。

②答辩时间短而各环节安排紧凑，进入答辩室即开始答辩。因此在进入答辩室后，一定要第一时间将答辩材料送到各位专家面前。

③将专家可能提问到的所有问题都提前演练一遍。在答辩过程中专家未主动问的问题，就不要主动说。

④在答辩陈述的过程中，要强调企业优势，对于专家提到的某些企业弱点问题，可以一笔带过而提相关优势内容。

⑤企业在自我介绍、答辩陈述技术相关内容时，切记不要提加工、代加工等，避免专家误会企业核心技术不是自己的。

第五章　高新技术企业规划及提高评分的策略

第44节　如何有效规划高新技术企业项目

一、有效规划高新技术企业项目的前提

①熟知高新技术企业申请要求。
②熟知评审指标。
③熟知评分内容标准。
④熟知企业现状信息。

二、规划企业高新技术企业项目的步骤

①根据项目申请条件要求、评分标准，整理出一份评估信息采集表，以便更直观、更全面地评估本企业基本情况。
②采集企业基本信息数据。
③将企业数据与申报要求、评分指标进行对比分析。
④确认不符合条件项、条件刚刚符合项、可以提高改进项。
⑤研究制订完善的计划，确定进度与时间安排（不要遗漏研发费用加计扣除事项）。
⑥督促执行、监督确认计划内容完善情况。

三、规划高新技术企业需要注意的事项

①被评估企业是否拥有足够数量的有效的知识产权。知识产权是申报高新技术企业的基础，如没有知识产权或数量不够，则应抓紧对企业的新技术、新产品等申请知识产权。

②企业近三年的财务增长率情况，即销售收入增长率（注意是销售收入增长率而非总收入增长率）、净资产增长率。

③确认科技人员情况。了解科技人员社保缴纳或个税申报情况，了解科技人员学历证书、职称证书情况。

④确认研发活动情况。了解企业开展的研发活动情况，是否申请过政府科技项目，有无技术标准、技术规范，了解技术中心、研发设备情况。

⑤确认是否有产学研合作、账款往来凭证。

⑥确认主要技术、产品有无第三方检测报告、产品认证证书、查新报告、应用证明、产品合同、发票等。

第45节　如何在日常工作中处理归集研发费用

在日常工作中处理归集研发费用基本步骤方法如下。

①在年初时召开会议，初步预估新年度总的研发项目数量、项目名称、项目起止时间。

②确定研发人员名单，安排各项目组具体参与人员，确定项目负责人、仪器设备使用清单。

③在高新技术企业标准要求下，评估预算研发费用总额，评估预算各个项目经费，确定浮动范围，确定研发准备金总额。

④设置财务研发费用辅助账或专账核算，将研发费用记录在记账凭证中。

根据确定的研发项目、研发人员，预算项目经费投入，在日常财务工作中归集研发费用。归集研发人员工资、社保，设备折旧费用，研发项目使用的原材料投入，试验检测费用，差旅费，专家咨询费，研发场地租金、水电费等。

⑤设计流转的单证，如研发人员工资表、研发原材料领用单据、研发设备清单、折旧摊销明细表、研发人员差旅费报销单等。

目前，政府主管部门对研发费用归集的合理性越来越重视，不少地区都要求企业所得税纳税申报表中期间费用明细表里必须体现研发费用数据，否则不予推荐。企业要保证"三表一致"（企业所得税年度纳税申报表—期间费用明细表、企业财务报表、研发费用投入专项审计报告，三张表研发费用数据一致），专家在评审过程中，有时候会因数据不一致而否定研发费用。

※ 建议：

①为了为避免因研发费用问题而被否定高新技术企业认定申请，建议企业

在日常工作中规范归集研发费用，建立辅助账 / 专账，将研发费用体现在记账凭证上；

②进行研发费用加计扣除工作，使企业所得税纳税申报表上可以体现研发费用数据，可以直接避免研发费用被否定，而且可以间接证明企业拥有较高的技术创新管理水平；

③在项目研发费用中，其他费用占比不能超过该项目费用的 20%。

第 46 节　提高知识产权指标得分的方法

企业要深刻理解评分标准，了解规则，才能利用规则，活用规则。

知识产权评分主要依据是以下四个指标：

①知识产权数量；

②知识产权获得方式；

③技术的先进程度；

④对主要产品（服务）在技术上发挥核心支持作用。

一、知识产权数量

①尽可能多地申请发明专利，至少申请一个发明专利。实用新型专利和发明专利可以同时申请。

②开发出的产品、技术能申请专利的要及时申请专利。在增加发明专利的同时，增加企业整体专利数量。

③知识产权数量多，不仅在知识产权得分这里可以多拿分，也可以帮助成果转化能力指标拿高分，提升企业整体的技术实力评分。

④Ⅱ类知识产权（如实用新型专利、软件著作权）建议申请十项以上，且每年进行知识产权的申请，不要为了申请高新技术企业认定全部在同一年申请，要体现企业技术创新的延续性。

⑤有未授权的专利，也可以填写进申报系统中。同时可将发明专利的实质审查通知书附在高新技术产品、研发项目等表格技术内容说明、科技成果转化证明材料中，证明专利和高新技术产品的技术逻辑一致性、技术先进性。

二、知识产权获得方式

避免购买专利，最好全部是企业自主研发。

有自主研发，又有购买发明专利，对于得分上的帮助实质上并不大，甚至会导致获得方式这里被降分。

如果是为获得专利技术而购买专利，则要在知识产权表格里陈述清楚其意义。

专利权人不要是企业法人，而要是企业，且企业主要技术骨干、技术发明人都列在知识产权发明人一栏中。

三、技术的先进程度

①摘要内容。如摘要太简单，则应适当修改摘要，以体现技术特点和创新性。特别是软件著作权的摘要，一定要适当调整。在申请软件著作权时，要调整好摘要内容。

②专利名称如与研发项目名称一致或相关，则一定要认真填写研发项目表格里的核心技术、创新点一栏，以突出核心技术、创新点。

③专利名称如与高新技术产品名称一致或相关，则一定要认真填写高新技术产品表格里两者之间在关键技术、与同类产品（服务）相比的竞争优势、对主营产品支持作用的技术逻辑一致性，突出核心技术、创新点的先进性优势。

④该知识产权与本企业主营产品（服务）核心技术的支持作用说明。在填写这一栏的时候，可以描述专利创新技术与高新技术产品关键技术的逻辑一致性，陈述专利技术使主营产品（服务）具有了何种独特的功能特点、技术竞争优势。

⑤专利有获专利奖的、有第三方或官方技术成果评价的，有知识产权示范性企业证书的，可以将专利奖证书、评价证书等一起作为附件上传。

四、对主营产品（服务）在技术上发挥核心支持作用

①高新技术产品在名称上可以体现（包含）主要专利名称，以直观的形式表明，本专利产品就是企业主营产品（服务）。

②在内容描述中，体现技术内容逻辑一致性，即专利技术是企业主营产品（服务）技术，本专利技术产品（服务）就是企业主营产品（服务）。

企业应说明，利用本专利技术实现了企业主营产品（服务）的何种创新功能、技术特点，实现了何种竞争优势等。

另外，企业还可参与编制国家标准、行业标准、检测方法、技术规范等。

第47节　提高科技成果转化能力指标得分的方法

一、科技成果转化能力指标得分的提高方法

①科技成果数量要多。企业最好能够年均成功转化六个以上。

②修饰润色科技成果名称。科技成果转化产品名称在与开票名称、合同名称关键词保持一致的情况下，一定要修饰润色，让科技成果名称看起来有技术含量。科技成果名称要体现技术特点、创新点。

③科技成果转化产品与研发项目保持逻辑一致性。与研发项目逻辑对应一致，可提高科技成果转化来源的可信度，直观体现研发项目是取得成功了的，间接体现企业具有持续的技术研发创新能力。

④证明材料要充分、完整。科技成果转化产品的证明材料一定要充分、完整。其包括成果本身材料、转化过程材料、转化结果材料三个部分，企业有的要全部提供。

二、科技成果转化产品的材料很少如何解决

①产品的技术材料包括技术诀窍说明、设计图纸、技术设计方案、检测报告等。

②样品、样机的照片一定要提供。

③应用单位出具产品、技术应用证明报告并盖章签字。

④应用单位出具产品、技术应用反馈报告、反馈建议等证明材料，并盖章签字。

⑤对应用单位开展应用调查、满意度调查等，提供客户应用调查报告，或客户应用满意度调查表。

⑥工程类技术服务项目成果可以提供经济效益证明文件、社会效益证明文件。

经济效益证明文件：说明节约了多少原材料、节约了多少成本、缩短了多少工时，创造了多少经济效益等。

社会效益证明文件：说明节约了多少资源、能源，缩短了多少工时，对环境带来的有益影响，对城市形象的提升作用等，可由工程部出具或甲方单位出具并盖章。

第 48 节　提高研发组织管理水平得分的方法

研发组织管理水平的核心重点是，制度＋实施执行。

①评分指标明确提到的制度文件内容一定要有。

②制度文件对应的相关实施执行的证明文件必不可少。

③评分指标未明确提到，但与企业研发、组织、管理相关的管理制度文件、相关实施证明文件也要提供。如研发准备金管理制度、研发项目立项决议、研发费用准备金计提决议、研发费用预算决议，科技成果相关的专利商标版权的管理制度，专利申请审批表、专利技术检索报告、专利侵权风险监控等文件，研发设备、固定资产的管理制度文件，设备日常管理的表格文件等。这些材料的提供，不仅可以体现企业管理的完善，也可以体现企业组织结构的完整、研发过程的规范。通常 ISO 认证、知识产权贯标的企业，会有这些相关程序控制文件和程序执行文件。

④所有制度文件要有统一的行文格式、版式，抬头要有企业名称，要有公章，以体现规范性。

⑤不同制度文件的具体内容之间前后要一致，绝对不能有冲突（常见的是部门名称冲突），一旦被发现文件内容冲突，分数会直线下降。

⑥有条件可以进行工程技术研究中心、研发机构建设、研发机构备案、企业技术中心认定的企业，一定要进行申请认证或备案。

⑦企业场地照片、研发技术部门场地照片、研发人员工作时照片、研发设备照片、培训照片、人才引进聘书发放照片，年会时优秀员工等荣誉证书发放、颁奖照片，专利获奖、技术获奖、产品获奖的照片等绝对不能遗漏。

照片是展示企业形象的最佳材料，可以让专家更直观地看到企业的研发、组织、管理等各方面的水平。

⑧可与科研院所、高校开展技术合作，进行实实在在的产学研合作。

产学研技术开发合同、技术费用转款凭证、产学研技术成果证明材料，对于组织管理水平的得分而言非常有意义。

⑨材料要整洁干净，页面大小保持统一，页面不颠倒、不横置。

⑩附件材料的命名要规范完整。

⑪制度文件内容要与企业实际情况相符合。

第49节　提高财务成长性指标得分的方法

财务增长率评分标准（如表 5-1 所示）：

表 5-1

评价指标	得分档次	A 档	B 档	C 档	D 档	E 档	F 档
企业财务增长率（≤20分）	增长率	≥35%	≥25%	≥15%	≥5%	≥0	<0
	销售收入（≤10）	9～10分	7～8分	5～6分	3～4分	1～2分	0分
	净资产（≤10）	9～10分	7～8分	5～6分	3～4分	1～2分	0分

销售收入、净资产增长率都是固定公式计算，基本属于客观分数。（当然越接近上一级评分档次就越处于高分位，就越容易拿到档次区间高分）

一、净资产

①企业在进行固定资产投资时，固定资产设备能开票的都开票，以增加资产金额。

②投融资。找外部投资，吸引投资机构注资。有风险投资注资，净资产会提高。

③股东注资。

④减少运营成本，实现净利润的提高。

二、销售额

增强对业务人员的激励，给各部门人员加工资，激励企业全体人员更努力地工作，提高企业经营业绩。

开发出更有竞争力的新产品，占领更大范围的市场，卖出更多产品，扩大营业收入规模。

三、注意事项

在高新技术企业认定成功后，收入波动幅度尽量不要大于20%，收入数值更不能断崖式下跌。否则，有虚增收入的嫌疑。出现这种情况的企业，科技部门会在对往年通过高新技术企业认定的企业进行抽查时进行重点核查。

第六章 相关统计报表

第50节 高新技术企业相关统计报表的重要性

企业在通过高新技术企业资质申请,成为高新技术企业之后,并不是万事大吉了。在高新技术企业证书的三年有效期内,企业各项统计报表均要严格按照要求填写,且均要按照高新技术企业的标准要求填写相关数据。

因此,申请成为高新技术企业是重要的,成为高新技术企业之后三年有效期内的报表填写更重要。

①科技部火炬统计年报表。若连续两年不填报,则取消高新技术企业资格,追回奖励资金。

②广东省高技术产品及高技术服务调查表。这张表主要是由申请了高技术产品的企业填写的,高新技术企业有时也要求填写。

③高新技术企业优惠情况及明细表。这张表属于企业年度所得税纳税申报表里的一张表(汇算清缴报告里的一张表)。高新技术企业均被要求填写这张表。表格中的数据要严格按照高新技术企业标准填写。该表是要进入税务系统的,企业要特别重视。一旦数据填写不符合高新技术企业标准,税务专管员就会上门调查。甚至有被取消高新技术企业资质的风险。

④对各省市具体要求请留意各省市主管部门的通知。

当前各个系统平台数据壁垒在打破,各系统互联互通,数据比对便捷,一旦发现各系统中数据差异较大,会引发一系列问题。因此,企业要特别注意保持各个系统报表数据的一致性,要严肃认真地填写报表。

第51节 科技部火炬统计年报表

科技部火炬统计年报表（如表6-1所示）。

表6-1

《中华人民共和国统计法》第七条规定：国家机关、企业事业单位和其他组织以及个体工商户和个人等统计调查对象，必须依照本法和国家有关规定，真实、准确、完整、及时地提供统计调查所需的资料，不得提供不真实或者不完整的统计资料，不得迟报、拒报统计资料。
《中华人民共和国统计法》第九条规定：统计机构和统计人员对在统计工作中知悉的国家秘密、商业秘密和个人信息，应当予以保密。
《中华人民共和国统计法》第二十五条规定：统计调查中获得的能够识别或者推断单个统计调查对象身份的资料，任何单位和个人不得对外提供、泄露，不得用于统计以外的目的。

报表编号（QA01）

是否填写国家统计局一套表（QA18）

制定机关：科学技术部
批准机关：国家统计局
批准文号：国统制（2018）196号
有效期至：2021年12月

国家高新技术产业开发区企业统计报表
（区外经各地方高新技术企业认定管理机构认定的高新技术企业同时适用）

统一社会信用代码或企业组织机构代码(qa03)：

行政区划代码(qa19)：

企业（单位）详细名称(qa04)：

法人性质(qa15)：

企业法人性别(qd19)：

出生年份(qd20)：

学历(qd22)：

企业通信地址(qa05)：

邮政编码(qa06)：

企业注册地址(qa07)：

企业负责人(qa08)：

联系电话(qa09)：

传真(qa10)：

统计负责人 (qa20)：　　　　填报人 (qa11)：　　填报人电话 (qa17)：

填报时间 (qa12)：　　　　　E－mail 地址
　　　　　　　　　　　　　 (qa13)：

网址 (qa14)：　　　　　　　填报人手机
　　　　　　　　　　　　　 (qa17_1)：

企业 (单位) 负责人签发：

企业 (单位) 盖章：

中华人民共和国科学技术部
二〇一八年十二月

（一）企业概况

指标名称	代码	内容
企业注册地是否在国家高新技术产业开发区内	qb07_2	
企业主要生产经营活动是否在国家高新技术产业开发区内	qb07_3	
进区时间 / 年	qb08	
企业是否进入国家自主创新示范区	qb21	
如果已进区，请选择所在自创区名称	qb22	
企业隶属关系	qb101	
主要业务活动或主要产品	qb03_0	
行业代码	qb03_1	
注册时间	qb04	
注册资金	qb04_0	
企业执行会计标准类别	qb20_1	
企业执行会计准则情况	qb20	
登记注册类型	qb06	

指标名称	代码	内容
主要外资来源国或地区的国别（地区）名称代码及外资出资比例（限港澳台商和外商投资企业填报）		
国别或地区代码	qb06_1	
出资比例	qb06_2	
企业控股情况	qb18	
企业集团情况	qb09	
qb09 如为 2，请填直接上级法人单位统一社会信用代码或上级法人组织机构代码	qb10	
是否为经过认定的高新技术企业	qb11	
qb11 如为是，请填写高新技术企业认定证书编号	qb13	
企业被认定为高新技术企业的时间	qb12	
与科技企业孵化器关系	qb14	
入孵时间	qb14_1	
毕业时间	qb14_2	
上市及新三板、四板挂牌情况	qb15	
股票代码	qb15_1	
上市挂牌时间	qb15_2	
本公司是否为上市企业主体	qb15_3	
qb15_3 若为否，请填写上市公司主体名称	qb15_4	
上市企业年末市值	qb15_5	
企业所属技术领域	qb16	
企业核心技术所属《国家重点支持的高新技术领域》	qb16_1	

（二）经济概况

指标名称	计量单位	代码	数量
工业总产值（当年价格）	千元	qc02	
营业收入	千元	qc05_0	
其中：主营业务收入	千元	qc55	
其中：技术收入	千元	qc06	
其中：技术转让收入	千元	qc06_1	
技术承包收入	千元	qc06_2	
技术咨询与服务收入	千元	qc06_3	
接受委托研究开发收入	千元	qc06_4	
产品销售收入	千元	qc07	
其中：高新技术产品	千元	qc09	
商品销售收入	千元	qc10	
其他营业收入	千元	qc49	
进出口总额	千元	qc52	
其中：出口总额	千元	qc11	
其中：高新技术产品出口	千元	qc38	
技术服务出口	千元	qc11_1	
营业成本	千元	qc220	
其中：研发、试验检验费	千元	qc220_1	
税金及附加	千元	qc221	
销售费用	千元	qc222	
管理费用	千元	qc223	
其中：技术（研究）开发费	千元	qc223_2	

指标名称	计量单位	代码	数量
其中：支付科研人员的工资及福利费	千元	qc223_3	
财务费用	千元	qc224	
资产减值损失	千元	qc228	
公允价值变动收益（损失以"－"号记）	千元	qc229	
投资收益（损失以"－"号记）	千元	qc225	
资产处置收益（损失以"－"号记）	千元	qc233	
其他收益	千元	qc232	
营业利润	千元	qc120	
营业外收入	千元	qc227	
营业外支出	千元	qc230	
利润总额	千元	qc234	
净利润	千元	qc12	
所得税费用	千元	qc231	
实际上缴税费总额	千元	qc13	
其中：增值税	千元	qc14	
所得税	千元	qc16	
减免税总额	千元	qc17	
其中：增值税	千元	qc18	
所得税	千元	qc20	
其中：享受高新技术企业所得税减免	千元	qc20_1	
研发加计扣除所得税减免	千元	qc20_2	
技术转让所得税减免	千元	qc20_3	
应交增值税	千元	qc62	
本年应付职工薪酬（本年贷方累计发生额）	千元	qc51	

指标名称	计量单位	代码	数量
资产总计	千元	qc24	
其中：流动资产合计	千元	qc25	
非流动资产合计	千元	qc27_1	
其中：固定资产净值	千元	qc29	
其中：无形资产	千元	qc30	
其中：累计折旧	千元	qc65	
其中：本年折旧	千元	qc61	
无形资产	千元	qc30	
年末负债合计	千元	qc31	
年末所有者权益（股东权益）	千元	qc33	
其中：实收资本（股本）	千元	qc34	
其中：企业上市融资股本	千元	qc63	
其中：企业海外上市融资股本	千元	qc50	
对境外直接投资额	千元	qc39	
本年完成固定资产投资额	千元	qc40	
规模以上工业企业及重点耗能企业综合能源消费量	吨标准煤	qc41	

补充资料：企业当年是否获得风险投资（qc226_1）；若是，请注明企业获得的风险投资的阶段 (qc226_2)；当年获得创业风险投资机构的风险投资额 (qc226)。

（三）人员概况

指标名称	计量单位	代码	数量
一、从业人员数			
从业人员期末人数	人	qd01	
其中：留学归国人员	人	qd03	

121

指标名称	计量单位	代码	数量
其中：外籍常驻人员	人	qd25	
其中：引进外籍专家	人	qd21	
其中：当年新增从业人员	人	qd26	
其中：吸纳高校应届毕业生	人	qd14	
从业人员平均人数	人	qd05	
二、从业人员构成			
（一）按学历、学位及技能分			
具有研究生学历（位）人员	人	qd18	
其中：博士	人	qd06	
其中：硕士	人	qd07	
具有大学本科学历（位）人员	人	qd08	
具有大学专科学历人员	人	qd09	
接受高等教育前为非就业地户籍人员	人	qd30	
技能人员	人	qd31	
其中：高级技师（国家职业资格一级）	人	qd32	
其中：技师（国家职业资格二级）	人	qd33	
其中：高级技能人员（国家职业资格三级）	人	qd34	
其中：中级技能人员（国家职业资格四级）	人	qd35	
其中：初级技能人员（国家职业资格五级）	人	qd36	
（二）按职业类型分			
中层及以上管理人员	人	qd27	
专业技术人员	人	qd28	

（四）科技项目概况

序号 qh00	项目 名称 xmmc	项目 来源 qh11	开展 形式 qh31	当年 成果 形式 qh21	经济 目标 qh32	活动 类型 qh33	起始 时间 qh34	完成 时间 qh35	所处 阶段 qh36	参加 人员 （人） qh44	时间 （人月） qh40	经费 （千元） qh51	政府 资金 （千元） qh52
1													
2													
3													
4													

（五）科技活动概况

指标名称	计量单位	代码	数量
一、科技活动人员情况			
科技活动人员合计	人	qj09	
其中：管理和服务人员	人	qj67	
其中：全职人员	人	qj09_1	
其中：本科毕业及以上人员	人	qj09_2	
其中：外聘人员	人	qj09_3	
二、科技活动费用情况			
科技活动经费支出合计	千元	qj20	
1.人员人工费用（包含各种补贴）	千元	qj23_1	
2.直接投入费用	千元	qj23_2	
3.折旧费用与长期待摊费用	千元	qj23_3	
4.无形资产摊销费用	千元	qj23_4	

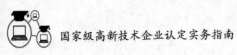
指标名称	计量单位	代码	数量
5. 设计费用	千元	qj23_6	
6. 装备调试费用与试验费用	千元	qj23_7	
7. 委托外单位开展科技活动费用合计	千元	qj33	
其中：委托境内研究机构	千元	qj33_1	
委托境内高等学校	千元	qj33_2	
委托境内企业	千元	qj33_4	
委托境外机构	千元	qj33_3	
8. 其他费用	千元	qj23_5	
三、科技活动资产情况			
当年形成用于科技活动的固定资产支出	千元	qj250	
其中：仪器和设备	千元	qj251	
四、企业办（境内）研发机构情况			
期末机构数	家	qi01	
机构研究开发人员合计	人	qi07_0	
其中：博士毕业	人	qi07_1	
其中：硕士毕业	人	qi07_2	
机构研究开发费用	千元	qi14_1	
五、科技活动产出及相关情况			
（一）自主知识产权情况			
当年专利申请数	件	qj55	
其中：申请发明专利	件	qj56	
其中：申请国内发明专利	件	qj56_1	
其中：申请欧美日专利	件	qj55_1	
其中：申请PCT专利	件	qj55_2	
当年专利授权数	件	qj74	
其中：授权发明专利	件	qj57	

指标名称	计量单位	代码	数量
其中：授权国内发明专利	件	qj57_1	
其中：授权欧美日专利	件	qj75	
期末拥有有效专利数	件	qj83	
其中：拥有境外授权专利	件	qj83_1	
其中：拥有欧美日专利	件	qj82	
其中：拥有发明专利	件	qj73	
其中：已被实施的发明专利	件	qj73_2	
其中：境外授权发明专利	件	qj73_1	
专利所有权转让及许可	件	qi23	
专利所有权转让及许可收入	千元	qi24	
（二）新产品生产及销售情况			
新产品产值	千元	qj70	
新产品销售收入	千元	qj71	
其中：出口	千元	qj72	
（三）企业在境外设立分支机构情况			
期末境外营销服务机构数	个	qj99	
期末境外技术研发机构数	个	qj90	
期末境外生产制造基地数	个	qj92	
当年在境外设立分支机构数	个	qj102	
（四）其他情况			
发表科技论文	篇	qi25	
期末拥有注册商标	件	qj79	
其中：当年注册商标	件	qj77	
其中：境外注册商标	件	qj79_1	
其中：当年境外注册商标	件	qj79_2	
拥有软件著作权	件	qj85	

指标名称	计量单位	代码	数量
其中：当年获得软件著作权	件	qj85_1	
拥有集成电路布图	件	qj86	
其中：当年获得集成电路布图	件	qj86_1	
拥有植物新品种	件	qj87	
其中：当年获得植物新品种	件	qj87_1	
拥有国家一类新药品种	件	qj101	
其中：当年获得国家一类新药证书	件	qj101_1	
拥有国家一级中药保护品种	件	qj100	
其中：当年获得国家一级中药保护品证书	件	qj100_1	
当年形成国际标准	项	qj98_1	
当年形成国家或行业标准	项	qi27_1	
当年获得国家科技奖励	项	qi28_1	
六、技术合同交易情况			
认定登记的技术合同项数	项	qj80_1	
认定登记的技术合同成交金额	千元	qj80	
七、其他相关情况			
（一）政府经费情况			
来自政府部门的科技活动经费	千元	qj252	
（二）技术改造和技术获取情况			
技术改造经费支出	千元	qj58	
引进境外技术经费支出	千元	qj59	
引进技术的消化吸收经费支出	千元	qj61	
购买境内技术经费支出	千元	qj62	

企业在境外设立的技术研发机构所在的国家：①美国：□，②欧盟：□，③日本：□，④其他：□

知识产权获取方式：①自主研发：□，②受让：□，③受赠：□，④并购：□，⑤通过5年以上的独占许可：□

第52节　高新技术企业综合统计快报表

高新技术企业综合统计快报表（2020 年度），如表 6-2 所示。

表 6-2

调查单位名称（盖章）：			
地址：		邮编：	
单位负责人		领导签字	
填 表 人		联系电话	
传　　真		报出日期	
是否收入上亿元企业		K1A2	是 □　否 □
统计高企年末从业人员（人）		K1B	
营业收入（千元）K1C1>=K1C2		K1C1	
出口总额（千元）		K1C2	
工业总产值（千元）		K1D	
利润总额		K2E	
净利润（千元）		K1E	
实际上缴税费总额（千元）		K1F	
实际减免税额（千元）K1G> KH		K1G	
其中： 享受高企政策减免所得税（千元）		KH	

审核关系：① K1C1 > =K1C2，② K2E > =K1E，③ K1G > KH。

第 53 节 广东省高技术产品及高技术服务调查表

广东省高技术产品及高技术服务调查表，如表 6-3 所示。

表 6-3

广东省高技术产品及高技术服务调查表
调查单位名称：
详细通信地址：
填表人（签章）：
联系电话：
手机：
广东省科学技术厅

表 1　单位综合情况表

表号：粤科 101 表
制定机关：广东省科技厅
批准机关：广东省统计局
批准文号：粤统制表字〔2017〕22 号
有效期至：2019 年 12 月

调查单位名称：　　　　　　　　　　　　　　　　　　2018 年

指标名称	代码	数值
调查单位名称	sName	
统一社会信用代码	scode	
所属地域	sBelongWhere	
所属国民经济行业代码	sEindustry	
详细通信地址	sAddress	
法人代表（签章）	scharger	
填表人（签章）	sFillMan	
联系方式	sPhone	
手机	sMobile	
邮箱	sMail	
填报时间	FillDate	

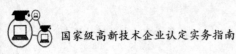

指标名称	计量单位	代码	数值
一、人员情况			
从业人员期末人数	人	ZA01	
其中：博士（02≤01）	人	ZA02	
其中：高级职称（03≤01）	人	ZA03	
其中：院士（04≤01）	人	ZA04	
其中：长江学者（05≤01）	人	ZA05	
其中：杰出青年（06≤01）	人	ZA06	
当年入职人数	人	ZA07	
当年离职人数	人	ZA08	
二、经济概况			
工业总产值（当年价格）	千元	ZB01	
工业增加值（生产法）	千元	ZB02	
总收入（04+05+06+07=03）	千元	ZB03	
技术收入	千元	ZB04	
产品销售收入（05_1≤05）	千元	ZB05	
其中：新产品销售收入	千元	ZB05_1	
商品销售收入	千元	ZB06	
其他收入	千元	ZB07	
出口总额	千元	ZB08	
净利润	千元	ZB09	
实际上缴税额	千元	ZB10	
减免税总额（12≤11,13≤11）	千元	ZB11	
其中：享受高新技术企业所得税减免	千元	ZB12	
研发加计扣除所得税减免	千元	ZB13	
三、科技活动概况			
科技活动人员（02≤01）	人	ZC01	

指标名称	计量单位	代码	数值
其中：研究与开发（R&D）人员	人年	ZC02	
科技活动收入（04 ≤ 03）	千元	ZC03	
其中：政府资金	千元	ZC04	
科技活动支出（06 ≤ 05）	千元	ZC05	
其中：委托外单位开展科技活动支出	千元	ZC06	
四、科技项目			
开展科技项目数	项	ZD01	
其中：国家级计划项目	项	ZD02	
部级计划项目	项	ZD03	
省级计划项目	项	ZD04	
市厅级计划项目	项	ZD05	
五、科技成果			
当年专利申请数（02 ≤ 01）	项	ZE01	
其中：发明专利	项	ZE02	
当年专利授权数（04 ≤ 03）	项	ZE03	
其中：发明专利	项	ZE04	
PCT专利国际专利申请数	项	ZE05	
拥有有效专利数	项	ZE06	
其中：发明专利	项	ZE07	
发表科技论文数	篇	ZE08	
出版科技著作	种	ZE09	

单位负责人：　　　填表人：　　　联系电话：　　　　填报时间：

131

表 2　高技术产品概况表

2018 年

表号：粤科 102 表
制定机关：广东省科技厅
批准机关：广东省统计局
批准文号：粤统制表字（2017）22 号
有效期至：2019 年 12 月

调查单位名称：

序号	产品名称	产品类别代码	关键技术领域	产品关键技术类型	产品关键技术来源	知识产权类型	产品全年产值（现价）（千元）	出口销售收入（千元）	产品全年实现利税总额（千元）	研究开发经费（千元）
1										
2										
3										

表 3 创新平台运营情况表

2018 年

表号：粤科 102 表
制定机关：广东省科技厅
批准机关：广东省统计局
批准文号：粤统制表字（2017）22 号
有效期至：2019 年 12 月

调查单位名称：

序号	机构名称	机构类型	从业人员（人）	博士（人）	当年收入（千元）	依托单位投入（千元）	科技成果转让收入（千元）	当年支出（千元）	原值百万元以上仪器设备（台/套）	专利申请受理数（项）	发明专利（项）	专利申请授权数（项）	发明专利（项）	发表论文数（篇）	研发新产品生产项数（项）	研发新产品产值（千元）
1																
2																
3																

133

表 4　高技术服务情况表

调查单位名称：

2018 年

表号：粤科 104 表
制定机关：广东省科技厅　广东省统计局
批准机关文号：粤统制表字（2017）22 号
有效期至：2019 年 12 月

序号	项目名称	高技术服务类别代码	项目个数（个）	当年项目收入（千元）	来自政府资金（千元）	项目投入人员（人／月）
KH01						
KH02						
KH03						

表 5 创新活动意见反馈表

创新活动中取得的主要成绩、存在问题及对策建议（500 字以内）：

第54节　高新技术企业优惠情况及明细表

高新技术企业优惠情况及明细表，如表6-4所示。

表6-4

1	税收优惠基本信息			
2	对企业主要产品（服务）发挥核心支持作用的技术所属范围	国家重点支持的高新技术领域	一级领域	
			二级领域	
			三级领域	
3	税收优惠有关情况			
4	收入指标	一、本年高新技术产品（服务）收入（5+6）		
5		其中：产品（服务）收入		
6		技术性收入		
7		二、本年企业总收入（8-9）		
8		其中：收入总额		
9		不征税收入		
10		三、本年高新技术产品（服务）收入占企业总收入的比例（4÷7）		
11	人员指标	四、本年科技人员数		
12		五、本年职工总数		
13		六、本年科技人员占企业当年职工总数的比例（11÷12）		

			本年度	前一年度	前二年度	合计
14		高新研发费用归集年度	1	2	3	4
15		七、归集的高新研发费用金额 （16+25）				
16		（一）内部研究开发投入 (17+…+22+24)				
17		1.人员人工费用				
18		2.直接投入费用				
19		3.折旧费用与长期待摊费用				
20		4.无形资产摊销费用				
21	研究开发 费用指标	5.设计费用				
22		6.装备调试费与实验费用				
23		7.其他费用				
24		其中：可计入研发费用的其他 费用				
25		（二）委托外部研发费用 [(26+28)×80%]				
26		1.境内的外部研发费				
27		2.境外的外部研发费				
28		其中：可计入研发费用的境外 的外部研发费				
29		八、销售（营业）收入				
30		九、三年研发费用占销售（营业）收入的比例 （15行4列÷29行4列）				
31	减免税 金额	十、国家需要重点扶持的高新技术企业减征企业所得税				
32		十一、经济特区和上海浦东新区新设立的高新技术企业定期 减免税额				

137

第七章 高新技术企业更名、搬迁的注意事项

第55节 高新技术企业变更名称的注意事项

高新技术企业变更名称，主要分两种情况：

①简单更名；

②复杂更名。

请相关企业及时登录高新技术企业认定管理工作网提交更名需求，根据附件1的要求准备好相关纸质材料，并在属地科技部门要求时间内提交更名申请纸质材料至当地科技部门。

高新技术企业更名每年集中申请，请相关企业关注各省科技厅、各市科技局通知，按照要求进行变更工作。

温馨提示：企业在变更名称之前，在变更主营业务范围之前，可以先咨询科技主管部门，看这样变更会不会被算作复杂更名。复杂更名需要企业提供一整套资料，和高新技术企业认定资料区别不大。所以，在不影响企业经营的情况下，不到万不得已，简单更名就好。

高新技术企业申请名称变更需提交的资料如下。

第一，简单更名需提交以下材料。

①从高新技术企业认定管理工作网上打印的《高新技术企业名称变更申请书》；

②工商管理部门出具的核准变更通知书及其他名称变更证明文件；

③企业更名前后的营业执照副本和组织机构代码证复印件；

④高新技术企业证书复印件。

第二，复杂更名（含异地搬迁）需提交以下材料，其中⑦～⑨项材料在变更后下一年第一季度内提交。

①从高新技术企业认定管理工作网上打印的《高新技术企业名称变更申请书》；

②工商管理部门出具的核准变更通知书及其他名称变更证明文件；

③企业更名前后的营业执照副本和组织机构代码证复印件；

④原高新技术企业证书复印件；

⑤企业名称变更当年的人员情况说明（包括名称变更前后企业职工总数、企业技术人员数、研发人员数及其所占比例）；

⑥企业拥有的核心自主知识产权现状的证明材料（包括申报高新技术企业时所列知识产权及后续获得的知识产权，并附权属人变更证明材料）；

⑦企业名称变更当年的企业年度研究开发项目情况表和高新技术产品（服务）情况表（见表7-1、表7-2）；

⑧经具有资质的中介机构审计的企业名称变更当年的年度财务审计报表（含资产负债表、利润表、现金流量表）；

⑨经具有资质的中介机构审计的企业名称变更当年年度研究开发费用和高新技术产品（服务）收入专项审计报告。

企业年度研究开发项目情况表（按单一项目填报）如表7-1所示。

表 7-1

项目编号：

项目名称		起止时间	
技术领域		本项目研发人员数	
技术来源			
研发经费总预算（万元）		研发经费当年支出（万元）	
立项目的及组织实施方式（400字）			
核心技术及创新点（400字）			
取得的阶段性成果（400字）			

高新技术产品（服务）情况表 [按单一产品（服务）填报] 如表 7-2 所示。

表 7-2

编号：

产品（服务）名称				
技术领域		技术来源		上年度销售收入（万元）
关键技术及主要技术指标（限 400 字）				
与同类产品（服务）的竞争优势（限 400 字）				
产品（服务）获得知识产权情况（限 400 字）				

140

第56节　高新技术企业异地搬迁的注意事项

①企业怎么进行异地搬迁？

高新技术企业需要进行异地搬迁的，请联系转入地认定机构、科技主管部门咨询详细情况，由其在系统内操作。

②企业异地搬迁成功后，下一步如何操作？

企业异地搬迁成功后，需进行用户注册信息修改，在科技政务服务平台注册成功登录后进行信息完善，如企业名称、组织机构代码、税务登记证号或统一社会信用代码三个重要信息与搬迁前系统内记录的信息要一致，可成功调取搬迁前企业的历史填报记录。

③市级科技管理系统单位信息也需要变更。

④企业在搬迁前，一定要跟科技主管部门、税务主管部门沟通，以免留下隐患。

参考文献

[1] 科技部，财政部，国家税务总局．高新技术企业认定管理办法 [A/OL]．（2016-1-29）[2021-3-10].http://www.most.gov.cn/kjzc/gjkjzc/qyjsjb/201706/t20170629_133827.html.

[2] 科技部，财政部，国家税务总局．高新技术企业认定管理工作指引 [A/OL]．（2016-6-22）[2021-3-10].http://www.most.gov.cn/kjzc/gjkjzc/qyjsjb/201706/t20170629_133828.html.

[3] 科技部，财政部，国家税务总局．关于修订印发《高新技术企业认定管理办法》的通知：国科发火〔2016〕32号 [A/OL]．（2016-1-29）[2021-3-10].http://www.most.gov.cn/kjzc/gjkjzc/qyjsjb/201706/t20170629_133827.html.

[4] 科技部，财政部，国家税务总局．关于修订印发《高新技术企业认定管理工作指引》的通知：国科发火〔2016〕195号 [A/OL]．（2016-6-22）[2021-3-10].http://www.most.gov.cn/kjzc/gjkjzc/qyjsjb/201706/t20170629_133828.html.

[5] 广东省科学技术厅，广东省财政厅，国家税务总局广东省税务局．关于组织开展广东省2021年高新技术企业认定工作的通知：粤科函高字[2021]316号 [A/OL]．（2021-4-16）[2021-5-10].http://www.enping.gov.cn/jmepsswj/gkmlpt/content/2/2297/post_2297889.html#3777.